遇见孩子，
成就更好的自己

刘希 / 著

YUJIAN HAIZI
CHENGJIU GENGHAO DE ZIJI

文汇出版社

图书在版编目 (CIP) 数据

遇见孩子，成就更好的自己 / 刘希著 . — 上海：
文汇出版社, 2018.7
ISBN 978-7-5496-2665-6

Ⅰ . ①遇… Ⅱ . ①刘… Ⅲ . ①家庭教育 Ⅳ . ① G78

中国版本图书馆 CIP 数据核字 (2018) 第 143020 号

遇见孩子，成就更好的自己

著　　者 / 刘　希
责任编辑 / 戴　铮
装帧设计 / 天之赋设计室

出版发行 / 文匯出版社
　　　　　上海市威海路 755 号
　　　　　（邮政编码：200041）
经　　销 / 全国新华书店
印　　制 / 三河市龙林印务有限公司
版　　次 / 2018 年 7 月第 1 版
印　　次 / 2019 年 3 月第 2 次印刷
开　　本 / 710×1000　1/16
字　　数 / 153 千字
印　　张 / 15

书　　号 / ISBN 978-7-5496-2665-6
定　　价 / 38.00 元

自　序

当今时代，每个孩子一生下来就受到万般宠爱。望子成龙、望女成凤是家长的共同期待，但如何将一棵小苗培养成能经历住风吹雨打的大树，就需要家长做好教育工作了。

但是，教育孩子是一个漫长而烦琐的过程，家长不仅需要耐心地引导，更需要有智慧的教育方法。当孩子一点点地长大，一点点地变得更加优秀，你会发现，教育孩子其实是一件非常奇妙的事，而且只要掌握了正确的教育方法，也会非常轻松。

还记得十一年前，嫚嫚刚出生时，我既兴奋又茫然。兴奋的是，我终于做了妈妈，为人母的喜悦难以言表；茫然的是，在以后的日子里我不知道如何与她相处，更不知道如何教育她。

茫然无措的我开始慢慢摸索、学习，于是渐渐地懂得了潜移默化很重要：父母是孩子最好的老师，"孩子是父母的复印件"——要想让孩子成为怎样的人，首先你自己得成为怎样的人。

两年半之后，蕊蕊的到来让我们家更加圆满了。因为有了养育嫚嫚的些许经验，刚开始我对教育蕊蕊的问题并不担心，但蕊蕊个性要强，跟性格温顺的嫚嫚截然相反。也就是从那时起，我碰到了一系列问题，并且觉得教育孩子是一件严肃而辛苦的事。

教育需要走进孩子的内心，倾听他内心的声音，跟他做朋友，把反复说教变成耐心引导——把养孩子看成一件有趣、快乐的事，这样才能事半功倍。

陪伴孩子长大，引导他解决难题，帮他养成好习惯、好品德，指引他走正确的方向，为他树立正确的世界观、人生观和价值观，是每个家长不可推卸的责任。

这本书中所记载的事例，既是嫚嫚和蕊蕊的成长历程，也是我在教育她们十一年当中总结出来的得与失。

我觉得，我们要积极参与孩子的成长，我们要陪着他长大，见证他的每一次、每一点的进步。而最好的进步，是家长和孩子共同的进步。

没有孩子天生就是优秀的孩子，也没有家长天生就是优秀的家长。做家长是一个不断学习、成长的过程——在这个过程中，你要始终坚信：每个孩子都有无穷的天赋和潜能，都是一座宝藏，只要你用心去挖掘，你的孩子就会是上天赐给你最好的、让你值得骄傲的礼物。

我很感谢上天，让我得到两样最珍贵的礼物：嫚嫚和蕊蕊。

目　录
Contents

第 一 辑

培养孩子良好的品德和习惯

第二辑

尊重孩子的人格，给他宽松的生活环境

第 三 辑

当孩子遇到麻烦事，尽量让他自己试着去解决

第 四 辑

教孩子学会欣赏自己，培养他强大的内心

第 五 辑

还给孩子快乐的童年，陪同他慢慢长大

第一辑

培养孩子良好的品德和习惯

家长不能代替孩子成长。孩子的每一点进步，都源自实践中的摸索，而我们教给他的生活经验，也只有在实际运用后才能变成他自己的能力。

1. 父母是孩子的第一任老师，别跟他说谎

有一阵子我赶时髦，将头发染成了金黄色，女儿看见了，好奇地问我："妈妈，你的头发为什么是黄色的？黑色多好看啊！"

我回答她："你不在妈妈身边，妈妈想你啦，所以头发就变成黄色的了。"

女儿听到我编的理由后，感动得在我脸上亲了又亲。

那个学期，女儿在老家上幼儿园，跟奶奶住在一起。我意识到这不方便教育她，心想还是带她在自己身边好一些，于是把她接到我所在的城市念书了。我也把婆婆一起接了来，方便照顾。

见面后，女儿对我说："妈妈，我不是到你身边来了吗，你的头发为什么还是黄色的？"

我思考了半天，不知道怎么回答。

女儿追问了好几遍，最后我只得撒了一个谎："我的头发啊，当然还是黄色的呀！虽然我不想你了，但又开始想爸爸啦。你看，爸爸出差好几天了，妈妈一个人在家，又要工作又要照顾你，多累啊！"

没过几天，老公回来了。

女儿看到我的头发还是黄色的，很是气恼："妈妈，爸爸都回来了，你的头发为什么还没变过来？你还在想爸爸吗？"

这话被老公听到了，他追问我原因。我将前因后果告诉了他，他笑到肚子疼，然后告诉女儿："你妈妈这哪是想我们，是她自己爱臭美。"

被老公这样揭穿后，我在女儿心里的形象一落千丈，并且多了两个标签："爱臭美的老妈"和"爱说谎的老妈"。

从那以后，女儿每次向我提问的时候，最后总要加一句："妈妈，你不会骗人吧？"这弄得我很尴尬，要跟她重复好几次我没骗人，她才会放心。可是，她的记忆力倒是挺好，总提我染发那件事。

老公也说我："你看吧，跟小孩说谎多不好：一个谎言套着一个谎言，弄得自己累不说，还担心说错话，要不断地回忆先前自己说过的话——但谎言总有一天会被拆穿的。"

对于孩子说谎的问题，我们大人总是咬牙切齿，因为如果发现自己被骗了，心里就会堵得慌。殊不知，大人对小孩说谎，同样会给他们带来心灵上的伤害——尽管有时候我们是无意地开玩笑而已。

父母是孩子最好的老师，要想孩子不效仿自己说谎，只有自己带好头，那样才不用焦虑孩子说起谎来不眨眼。

对于孩子的提问，家长知道的就说知道，不知道的就说不知道，实事求是就好。为了女儿能健康地成长，后来我不再用谎言搪塞她了，遇到不懂的问题就查资料，不会的事情就向别人请教。一段时间后，孩子对我也越来越信任了，再也不会问我："妈妈，你不会骗人吧？"

别跟孩子说谎，这是最基本的教育原则。

2. 感动是一种能力，要让孩子学会感动

下午，我去接女儿放学，然后我们一起去坐公交车回家。车里人很多，见女儿背着大书包，一个二十多岁的姑娘主动让了座。回到家，我让女儿写一篇日记，就写今天在公交车上碰到的事，题目叫《感动》。

女儿问："妈，不就是让个座而已，这点小事有啥可感动的？"

我有些惊讶，现在的孩子真是太自我了，总以为别人为她做的事都是理所当然的。不懂感动，这怎么行呢？

我认真地教导她说："感动是一个人应该有的情怀，也是一种能力。拥有这种能力的人，才会从心底里感到幸福，懂得感恩。对别人的哪怕一点点帮助，我们都要心存感激，所谓'滴水之恩当涌泉相报'。你想想，你心里有多少感动的事？"

女儿冥思苦想了一阵，还是摇了摇头。

我启发她："爷爷前阵子骑电动车送你上下学，风里来、雨里去，从来没叫过苦，你有没有感动？奶奶每天给你洗脏鞋、脏袜子，你有没有感动？爸爸每个周末都送你去学棋，陪你玩游戏，你有没有感动？还有我，每天都想着法子给你做好吃的，你有没有感动？"

女儿听后，只是微笑了一下，没说什么。

看来，这孩子真不容易被感动呀！我马上意识到，需要给她做一些

"感动"的功课，培养她感动的能力。

首先，我陪她看"感动"的节目。

我找出这些年的《开学第一课》给她看，用她能接受的方式让她默默地受到熏陶。我陪她一起看《感动中国》《说出你的故事》等节目，特意找了些励志故事让她学习，传递满满的正能量给她，从而激发她的幸福感。

其次，我给她放"感动"的电影。

小时候，一部叫《妈妈再爱我一次》的亲情电影，曾让我感动得泪流满面，也正是看了这部电影，我联想到父母的付出和辛苦，所以总是竭尽全力地回报他们。

我从网上找出这部电影，跟女儿一起观看。当我看到感动的场面满含热泪时，偷看了女儿一眼，发现她也情不自禁地掉下泪来。

再次，我给她讲身边"感动"的故事。

每天，网上都有"感动"的新闻故事，等女儿放学回到家，我会认真地把故事讲给她听，跟她一起探讨其中让人感动的情节。我问她："如果换作你，你能不能做到？"她便会认真反思一会儿。

晚上睡觉前，我会让她给我讲一天里让她感动的事。她回想起那些幸福的时刻，慢慢地就滋生了报恩的情感。然后，我带她到户外去感受大自然的奇妙。我陪她去看日出、观海潮，看花开花谢、听鸟鸣虫叫，让大自然的美好打动她的心灵。

最后，我让她知道家长给她的一切，她都应该充满感激，要及时地回报我们的爱——腰酸了，腿疼了，我会让她给我揉一揉；在她给我端上一杯热茶时，我会及时地给予赞扬。

经过这些"培训",女儿的感动能力越来越强了。

几天前,她读了一篇作文,感动到哭,这是原来根本不可能发生的事。她有些兴奋又有些激动地对我说:"妈妈,你看这段真的好感人,我读给你听吧。"

那一刻,我真的很欣慰,因为我看到女儿终于成了一个拥有感动能力的人。

3. 教给孩子爱的能力,会让他受益终生

嫚嫚四岁的时候,有一次放学回到家,我看她拉着脸,好像受了什么委屈,便随口问了一句:"宝贝,有啥不开心的事呀?告诉妈妈!"

"奶奶太坏了,喝了我的牛奶!"嫚嫚指了指正在换鞋的奶奶,大声责怪道。

婆婆就跟我解释:嫚嫚嚷嚷口渴,她就买了一瓶牛奶,哪知道嫚嫚喝了一半就去操场上跟同学玩了。她以为嫚嫚不喝了,扔了又觉得可惜,就喝了剩下的半瓶。没想到,嫚嫚玩累了、口渴了,一看牛奶没了,便又哭又闹,责怪奶奶,再买一瓶给她都不依。

嫚嫚打小任性,占有欲强。也许因为我们一直由着她的性子,如今她竟然越来越不敬爱老人了。看到她对奶奶的态度,我意识到了问题的严重性,决定好好教育她,让她成为一个懂得孝敬老人的孩子。

我严厉地质问嫚嫚："你怎么能如此埋怨奶奶呢，奶奶可是长辈。况且，当时你又没让奶奶给你留着牛奶，你得跟奶奶道歉。还有，为了证明你知道错了，你今天得做一件让奶奶高兴的事。"

嫚嫚噘着嘴，不高兴了。奶奶连忙给她台阶下："算了，小孩子懂什么，等她长大了就好了。"但我态度强硬，嫚嫚见拗不过，只得道了歉。

我想：让她为奶奶做什么好呢？见奶奶揉着腰，于是我建议嫚嫚："你给奶奶揉揉腰吧。"嫚嫚摇头说不会，我便示范给她看，她这才极不情愿地学了起来。

自此以后，嫚嫚知道，如果她不孝敬爷爷奶奶，我就会惩罚她，所以，她再也不敢不孝敬老人了。但是，她没有从根本上养成孝敬老人的好习惯，于是，我特意找到有关孝老敬亲的电视纪录片给她看，让她深受感染。

我还训练她帮爷爷拿拖鞋，帮奶奶倒水，帮我择菜、整理家务。凡是她力所能及的事，我都尽量请她"代劳"，并适时地夸奖她。久而久之，不用我提醒，她都会主动做这些事了。

嫚嫚从劳动中体会到了孝敬老人的快乐，很懂事。那天，嫚嫚提醒我说："妈妈，后天是重阳节，我们是不是该给奶奶准备节日礼物？"

我问她有什么打算。她说："奶奶太辛苦了，重阳节那天，我们就给她放一天假吧，她要做的事，我们俩做！"说完，她还得意地笑出了声。

我问她："你会做什么？"

她掰着手指头说："奶奶要拖地，我也会拖地；奶奶要择菜，我也

会择菜；我放学奶奶要接，我自己认得路，一个人可以回家。还有，那天我不会跟奶奶抢电视看，她想看什么就让她看什么吧。"

我由衷地赞叹道："这个节日礼物真的很棒很特别，奶奶一定会喜欢的。"

我很庆幸自己及时发现并改正了女儿的坏习惯，这不仅让她懂得了孝老敬亲是她应尽的义务，还让她体会到了孝老敬亲既是快乐的事，也是光荣的事。

4. 坚持是一种好品性，将会影响孩子的一生

女儿有些驼背，尽管我无数次叮嘱她要注意姿势，养成"坐如钟、站如松、行如风"的好习惯，但她还是一转身就忘了。听朋友说，学跳舞可以矫正孩子的驼背，培养孩子的气质，我便征得女儿的同意，给她报了个拉丁舞培训班。

但自从给女儿报了这个培训班后，每次接送她就成了我最烦心的事：每次她都哭哭啼啼，不肯好好合作。尽管她哭得很伤心，我心烦意乱，但还是把她交给老师后扭头就走了。有好几次，她跟我表示：不想去学跳舞了。

刚交了大笔的培训费，想到女儿就这样轻易放弃，以后容易形成惧

怕困难和挑战的性格，我便气得吼她："不许放弃，你没听过'坚持就是胜利'吗？你自己答应学跳舞的，就要对自己说的话负责。"

可这样的劝说依然无效，每次她都是眼含热泪，心不甘情不愿。

那天，朋友的孩子来我家玩，两个同龄的孩子开始"推心置腹"地聊天，不知怎么就聊到了不喜欢星期几的问题。只听女儿说："我不喜欢星期六，因为星期六我要跳舞。"

而朋友的孩子说：她从不讨厌哪一天，星期六除了学跳舞，还学围棋；星期天除了学书法，还学演讲，她都挺喜欢这些课的。

我惊讶地想：原本是周末放松的好时光，竟因三小时的跳舞时间成了女儿最讨厌的一天。让我更震惊的是，朋友的孩子与女儿同龄，女儿跟人家的差异竟然这么大。

我不知道朋友用了什么魔力让她的女儿这么乖巧、懂事，等她来接孩子的时候，我便向她讨教。

朋友说："当年我女儿上兴趣班的时候，也跟你的孩子一样，不肯好好学。后来，我决定放下手头的事，孩子每次上兴趣班我都全程陪同。回到家，我跟孩子一起练，遇到难题跟孩子共同解决。就这样，孩子不再反感上兴趣班了。

"所以说，当孩子表示不想上兴趣班时，家长要了解真正的原因。他是真的不感兴趣呢，还是不喜欢某个老师？是害怕陌生的环境呢，还是害怕某个同学？

"要是真的不感兴趣，放弃也行；但因为不喜欢某个人，或是害怕陌生的环境而放弃的话，那是可以解决的。"

听朋友如此说，我这才如梦初醒。

　　那天晚上，我跟女儿认真地谈了一次心。她告诉我，她之所以不爱跳舞，是因为她害怕陌生的环境，有我陪着能让她安心，可我却那么无情地甩开她的手走了。

　　知道原因后，我开始放下工作，陪同女儿去学跳舞，分享她每个小进步的喜悦，渐渐地她就融入到了那个小团体中。跟班里的伙伴熟了以后，她便主动去上拉丁舞培训班了，也不再要求我陪同了。

　　孩子上兴趣班，要让他学会坚持，不能轻言放弃。他要是不想上了，要帮助他找到真正的原因，而非逼迫他去学，或是在抱怨中让他放弃。

　　很多时候，兴趣的培养更多要看家长的态度。当孩子遭遇瓶颈期时，家长要陪同他一起克服，分享他获得小进步的喜悦；同时要端正心态，别给他压力，因为给他报兴趣班并不是希望他将来成名——而是让他多点爱好，开阔眼界，把生活过得丰富多彩起来。

5. 别替孩子包办一切，放手让他自己去做

　　蕊蕊刚开始上幼儿园的时候，极不让人省心，班主任经常为此找我谈话。那天，我把女儿送到学校后，老师又叫住了我。

　　老师跟我反映，蕊蕊在幼儿园的表现并不好，不会自己吃饭、睡觉，不会自己找座位坐，更不会跟小朋友玩；更重要的一点是，她不会

自己主动要求上厕所，非得老师提醒她。

总之，老师的意思是：蕊蕊的自理能力很差。

我问老师有什么办法，她郑重其事地对我说："你只有放手让孩子自己去做，才能让她尽快地融入到幼儿园生活中来。"

女儿经常在学校尿裤子，这一点我是知道的，我也不止一次跟她说："想上厕所了就自己去，在学校里要主动点。"她听进去了，尿裤子的情况也渐渐地少了。

我暗想：女儿在一点点地进步，等她长大一些就好了。没想到，她在学校的表现竟然还是不尽如人意。

走在路上，我不停地回想与反思一些事。

在家里，女儿想上厕所，都是我领着她去；女儿不吃饭，也是我一勺一勺地哄着喂她；女儿搬不动小椅子，我从来没让她动过手。我甚至包办了她吃什么、不吃什么，和谁玩、不和谁玩等问题——没想到，我的这些做法实际上是害了她。

这次，接女儿回到家，我一反常态地把她丢在客厅里，独自进了厨房。她跑来跟我说："妈，我要喝水。"

我递给她一个水杯，对她说："自己去倒哦，乖。"

她在我身上蹭来蹭去："妈，你帮我倒。"

我指了指正在切的土豆，对她说："我在做你最爱吃的土豆丝，你自己去倒吧。"

我看着她极不情愿地拿着杯子走到饮水机前，小心地开始接水。或许是因为太渴想多倒一点水，结果水溢了出来，弄湿了她的鞋子，她赶紧松掉了按键。

喝完水后，女儿跑到我跟前，兴高采烈地对我说："妈，我会自己倒水喝了。"

我夸奖她："真不错，以后你可以自己接水喝了哦。不过，下次倒水时记得倒半杯，那样就不会溢出来淋湿鞋子了。"

女儿听话地点了点头。

吃饭的时候，我盛了一小碗饭放在女儿面前，对她说："宝宝上幼儿园了，说明你长大了。长大了，自己的事就要自己做。"

女儿拿着勺子在碗里拨了两下，看我根本无视她，只好自己吃了几口。末了，她用一副讨好我的口气说："妈妈，给我喂饭好不好？"

我再次拒绝了她。她不依不饶，把碗推到一边，哭着走开了。

我想收回我说过的话，可转念一想，要是这样一直喂她，她仍旧不会自己吃饭，饿了只会喊饿。

果不其然，过了一会儿，她就吵着喊饿，非要吃饭。我盛了一碗米饭给她，这下，她三下五除二就把饭吃得精光。

晚上睡觉，她扑到我怀里来，说："妈妈，帮我脱衣服。"

我鼓励她："宝宝今天都自己吃饭，自己上厕所，还自己倒水了，衣服也能自己脱。"

她跃跃欲试。但看她的脖子被衣服领子勒得通红，我差点就反悔了，好在她终于把衣服脱下来了。

其实，我是小看了孩子自食其力的能力，无意中剥夺了她享受劳动的快乐。以前我总是想：孩子还小，不会做事没什么大不了的，长大了自然而然就会了。其实，孩子虽小，她也可以拥有这些能力。

没过多久，女儿就养成了自己吃饭、倒水、上厕所、脱衣服的好习惯。她虽然有时吃饭不多，有时衣服也无法完全脱下来，偶尔需要我帮忙，但她还是都会做了，而且做得很开心。

老师夸女儿的进步很大，我也逐渐地领悟到，放手让孩子自己去做，不仅家长可以轻松很多，而且对孩子的成长大有裨益。

而今，女儿在我择菜的时候会给我打下手，在我洗衣服的时候会在旁边自个儿洗她的小毛巾、小袜子，在我拖地的时候会拿着特制小拖把到处"画图"……看她自得其乐地享受着劳动的快乐，我开心地笑了。

家长不能代替孩子成长。孩子的每一点进步，都源自实践中的摸索，而我们教给他的生活经验，也只有在实际运用后才能变成他自己的能力。

一直被家长包办一切的孩子，终究是一棵长不大、经不起风雨的小苗——只有放手让孩子自己去做，他才会健康茁壮地成长为参天大树。

6. 孩子做家务时要及时夸奖

下班回到家，我刚推开门，就被眼前的景象吓了一跳：这哪里是家啊，分明就是土匪打劫过的现场，玩具和书本丢得到处都是，根本没有落脚之地。女儿倒是无所谓，正窝在沙发里看电视，一副逍遥自在的样子。见我进来，她头也没抬。

我很严肃地对女儿说："你必须把自己的东西收拾干净，把茶几和沙发给我清理出来，否则我会惩罚：第一，你不能看动画片；第二，我不会给你买'喜之郎'果冻；第三，我不会给你买叮叮车。如果你不收拾那些玩具和书本，我等一下会全扫出去丢到垃圾桶里。"

这招还挺管用，女儿依依不舍地关掉了电视。我又加重语气强调了一遍："自己的事必须自己做，没有人会帮你。我去收拾厨房，你负责收拾这里。"

也许女儿是舍不得她的那些宝贝，怕被我真的扔掉，只好蹲在地上心不甘情不愿地收拾起来。她一边收拾着那些童话书和玩具，一边摔摔打打地发着牢骚。

我在厨房门口看到后，一边洗菜，一边想着怎么跟女儿再沟通一下。我想到了劳动节，觉得有必要给女儿灌输劳动的观念，让她认为"劳动最光荣"。于是，我走到她的身边，问："宝贝，你知道五一是什么节日吗？"

女儿马上来了兴趣，眨着大眼睛问我："是什么节日呢？"

我说道："五一是劳动节，劳动人民过的节日，也就是所有爱劳动的人才能放假过节，不爱劳动的人是不能放假过节的。"

女儿听了，立即兴奋起来，风风火火地挽起袖子，大张旗鼓地开始打扫了。她又是搬书又是收拾玩具，将沙发和茶几彻底地收拾干净后，还将茶几擦得很亮，最后又开始像模像样地拖地。

女儿一路小跑着，脸上挂着快乐的微笑。古灵精怪的她将椅子当成超市里的购物车，放上那些书和玩具，再拉到书房里。她从劳动中找到了乐趣，一副乐不可支的样子。看着她可爱的模样，我在旁边笑了。

忙完后，女儿很得意地问我："妈妈，家里很干净了吧？"我连忙鼓励："是啊，宝宝今天最厉害了，真能干。"

虽然女儿干得满头大汗，但她看到自己把房间和书桌收拾得整整齐齐，看着自己创造的劳动成果，非常有成就感，高兴得手舞足蹈。

晚上，一家人围在一起看电视的时候，小家伙故意骄傲地一遍遍地问我们："这是谁擦的茶几啊？这么亮！"然后，就等着我们说出她的名字。

从那以后，女儿总是抢着帮我做家务，再也不是我眼中的"懒孩子"了。她逐渐体会到了父母的艰辛，也逐渐认识到了"劳动最光荣"——作为家里的一员，理应为家庭付出劳动。

看来，家长要多给孩子一些劳动的机会，多引导他参加劳动，提高他热爱生活、品味生活的兴趣，让他多掌握生活的本领，享受劳动的快乐。

7. 建立品行表，让孩子有章可循

嫚嫚放学回到家，书包丢在阳台上，外套放在鞋柜上，装餐具的小袋子扔在墙角里，还没换鞋就在屋里跑来跑去。我大叫大嚷一通，她这才慢腾腾地将物品"各归各位"。

　　她掏出本子写作业，一会儿嚷嚷橡皮不见了，一会儿嚷嚷："我的数学作业本呢？刚刚还在的。"写着写着，瞅见奶奶正在吃西瓜，她一个箭步冲上去就抢过来往嘴里塞。

　　看着女儿各方面马虎、懒散的样子，但训斥无用，打骂无效，我开始难过起来。

　　后来，一次家长会上，有一位同学家长说，给孩子建立一张"品行表"，效果很神奇。我听得有点心动了。

　　新学期开始，女儿也曾让我按照她们教室里的评比栏做一张表格贴在家里。我没答应，因为那时我怀疑：一张表格怎么能激发孩子养成好习惯呢？此时，同学家长的建议让我有点跃跃欲试。

　　回家后，我跟女儿说，我要给她量身定做一张"品行表"。她举双手赞成，看来她期待很久了。于是，我们一起绘制了一张"品行表"。

　　考虑到女儿的实际情况，联想到她马虎、拖拉、懒散、自私的作风，我将"品行表"分成了四大块：学习情况、饮食情况、行为习惯和品德操守。每一类又细分成若干项，比如，学习情况包括写作业及时不拖拉，作业还要工整、清楚等。行为习惯细分为衣帽整洁、物品摆放整齐等。品德操守有拾金不昧、尊老爱幼等。

　　"品行表"一周换一张。如果女儿做到了对应的条款，我便在对应的栏目中画上一颗金星。反之，则画上黑星。

　　每周日下午我们会进行总结，如果金星达到我所规定的数量，她就可以得到相应的奖励，如软皮本、发夹、带锁的日记本。最好的奖励，是带她去她最爱的游乐园玩。

这张"品行表"执行起来后，女儿的积极性果真提高了不少，每每遇到她再乱丢东西或是有其他不良习惯时，我指指"品行表"，不用我多说，她会立马纠正过来。

一个星期后，女儿得到了一个发夹。第二周，她得到了一个日记本。第三周，她得到了一次去游乐园玩的机会，高兴得不得了。

女儿对这张"品行表"挺感兴趣，并说要持之以恒地坚持下去。我相信，为她量身定做"品行表"，一定能纠正她不少的缺点，让她养成积极的心态，快乐地成长。

8. 划界限，让孩子养成好习惯

女儿写作业磨蹭，该睡觉了作业还有很多没做完。我大吼一声："你太不听话了，怎么又没写完？你就不能自觉点？快点，我看着你写。"

结果是：我在旁边守着，她就很认真；我稍一离开，她就慢慢吞吞，一副不紧不慢的架势。倒是我，心急得像热锅上的蚂蚁。

再后来，看女儿作业没写完，我便给她撂下狠话："我先睡了，你自个儿看着办吧，写到什么时候，什么时候才可以睡觉！"有时候是十点、十一点；有时候我一觉醒来，发现她还在写作业。

我跟朋友抱怨："现在的孩子怎么这么难管呢？一点作业总是拖拖拉拉，真拿他们没办法。"

朋友笑了，对我说："你这是教育方法不当，这样下去，迟早会害了孩子，也会害了你自己。你得给她划界限，那样保管行。"

我来了兴趣，静听朋友说："划界限就是给孩子立个标准，比如写作业，你给孩子定一个写作业的时间，过了这个时间不许她做，让她跟老师交代去。"

我摇摇头说："那老师肯定会批评孩子的。"

"老师批评她，她就会长记性。我儿子原来也拖拉，每次写作业都到很晚，不陪着还不写。后来，我干脆规定他九点半之前要全部写完，写不完就强制他去睡觉。挨过老师的几次批评后，他一回到家就开始做作业，积极性提高了许多，再也不用我操心了。这个办法你也试试吧。"

朋友的成功经验摆在面前，我马上就借鉴了。

女儿回到家，我严肃地对她说："宝贝，做作业是你的义务，你该对自己负责。从今天开始，八点之前你必须把该写的作业写完，否则，就算没写完也不准写了。该写作业的时候写作业，该休息的时候就休息，该睡觉的时间去睡觉。如果作业没做完，老师问起来，你自己跟老师解释。"

女儿根本没把我的话当一回事，到八点时，作业还剩一大半，我就勒令她收拾好书本，去洗漱睡觉了。

第二天，她果然遭到了老师的批评。一连几天都是如此，但每晚剩的作业都比上一次少一些。

一周后，女儿准时在八点之前完成了作业，喜滋滋地睡觉去了。老师夸奖了她，我奖励了她，她喜不自禁，之后每次回到家，立马就会开始做作业。

没多久，女儿就改变了写作业拖拉的习惯，我一直头疼的问题终于解决了。

9. 延迟满足教育，让孩子学会等待

蕊蕊想要一款儿童电话手表，我带她到手机店去看。她选中了一款粉红色的，爱不释手地把玩着。我觉得价格有点贵，便在网上搜了搜，果然发现网店的价格比实体店便宜，于是小声对女儿说："不急哦，过几天我再买给你。"

走出店门，她很不高兴，眼泪汪汪地问："妈妈，今天为什么不买呢？"

我跟她解释："网上买要便宜很多。"

"可网上买要等好几天才到，我想现在就戴上它。"

这孩子，想要的东西总希望马上就拥有，似乎一分钟都等不及。我耐心地开导她："好东西都是慢慢等来的，等待也是一个幸福的过程。"

"等待不幸福，等待很痛苦！"

我没想到，这么小的孩子竟然从嘴里蹦出了这样的话。

第二天，女儿醒来后马上问我："妈妈，电话手表到哪里了？"

我查了一下物流信息，然后告诉她电话手表正在发往我们家的路

上。此时，她很开心地喊起来："快了哦，我马上就要见到我心爱的电话手表了。"

三天后，当漂亮的电话手表送到家里，她开心极了，高兴地把它戴在了手腕上。

我再问她："等待的过程是不是很美好？"

半晌，她还是摇了摇头。

一直以来，女儿想要什么我都会马上买给她，却没教会她等待也是一件很美好的事。因为，心里装着希望，装着对事物的丰富想象，等待的每一天也是美好而愉快的。

自那天起，我便刻意为她制造一些等待的机会。等爸爸下班回家，一起吃饭；新买的花裙子，洗干净晾干了再穿；她需要的课外读物，我会在网上给她买，让她等；还有，每天放学，我故意迟一点去接她，让她学会等我。

刚开始，女儿很浮躁，不愿意等，在等的过程中发脾气。再后来，她开始心平气和了。她学会了在等待中想象美好事物的样子，学会了在等我的时候观察她的同学是否快乐，学会了边等边唱歌。

我还告诉女儿：有些事可能需要等待更长的时间，一个月、一年，甚至十几年。每个人都要学会等待，在等待中快乐地生活，享受等待的美好。

10. 找呀找呀找优点

我给女儿报了个拉丁舞培训班，她坚持了一年就喊累，嚷嚷着不想去了。我说："既然交了学费就得学，坚持才会有效果。你不是想学围棋吗，也一起报上吧，调节一下好不好？"

女儿说："好啊好啊，学棋不用那么辛苦，动动手就好了。"可是，仅仅过了三天，她就对我叹气："妈，学棋真没劲，要动好多脑筋呢。"

看到这样不省心的孩子，我没来由地生气了，恶狠狠地对她说："你舞不想学，棋不想学，上课又不专心，考试从未得过 100 分。你要再这样下去，以后就只有捡垃圾的份儿。"

也许是这句话刺伤了她，她的眼泪唰的一下就涌了出来，边哭边大声辩解："我以后绝对不会捡垃圾，你为什么只看到我的缺点，看不到我的优点呢？"

是啊，我为什么只看到她的缺点呢？难道妈妈的眼睛永远是带着挑剔的吗？在别人眼里，她一直是个优异的孩子，善良、懂事，还乐于助人——可是，我为什么一生气就把她说得一无是处呢？

女儿大方有礼，社交能力比我还强。带她去市场买菜，她跟卖菜阿姨都能聊上半天。她虽然只学了两天英语，可她交到了两个新朋友。

围棋老师也夸她爱交际，因为第一天她就问老师住哪儿，远不远，

在几楼。老师说，在他的学生里面，很少见到这样热情大方的女孩，要知道，她才只是一年级的小朋友啊。

她心地善良，尊老爱幼，六岁的她是敬老院里的常客。我在给老人缝补浆洗的时候，她便给爷爷奶奶们讲故事，背她刚学的古诗，唱她新学的童谣。

有一次，回家路上，她抱着我的肩膀很认真地说："妈，那些爷爷奶奶太可怜了，我们以后要常来。对了，我长大了绝对不会让你住养老院的，我们一块儿住。"

想到这些，我笑了。感谢她的提醒，我真的忽略了她的优点，于是郑重地对她说："对不起，我忘了你的优点。从今天开始，我们一起找优点吧！"

女儿这才破涕为笑。

自那天开始，每天我总要亲口说出她的几个优点。每次，我都用欣赏的眼光对她说："看，你今天做得真棒，你把被子叠得这么好，书桌收拾得这么整齐，还知道给奶奶打电话，太好了！"

听了我的夸奖后，女儿常常会笑逐颜开地回应："妈妈，放心，我会做得更棒的。"看她渐渐因为我那些毫不费力的夸奖变成了一个自信快乐的孩子，我也由衷地高兴。

有时候，我不知道该怎么找女儿新的优点，她就会提醒我说："妈，我今天帮老师打扫了卫生。"然后用一双期待的眼睛望着我。

我会如她所愿，大力地称赞："那你都变成老师的小帮手了哦，这是一个很大的优点。"

每天临睡前，女儿都要我说出她几个新的优点才肯罢休。那天，我思来想去也想不出来，她绞尽脑汁也想不出来。正在我不知该怎么安慰她的时候，她突然转过头来对我说："妈，我明天会高高兴兴地去学跳舞、学下棋，再也不会板着脸，那是不是优点呢？"

我一听，随即明白是怎么回事了，于是郑重其事地对她说："是优点，值得表扬。"

她微笑着回答我："其实，我挺喜欢学跳舞的，可你那天说我跳得像只鸭子，还说那么多同学中就我跳得最差，所以我干脆不跳了，故意气你的。"

真没想到，我竟然是她不肯学跳舞的"罪魁祸首"。看来，常跟孩子一起找优点，对她的成长大有裨益。

11. 别急，给孩子一个缓冲期

女儿上幼儿园的时候，碰上冬天总是喜欢赖床，在三令五申之后依然不起床的情况下，我一般会生气地直接把她从床上拖起来。她于是号啕大哭，每天都是哭哭啼啼地去上学的。

我把情况反映给女儿的班主任，她说："这也不怪她，天气太冷，连大人都不想起床，何况她还是个五岁大的孩子。你送孩子上学又早，估计六点多就起床了吧？"

可不是，为了上班不迟到，我将女儿的起床时间提前到了六点半，这样，送完她上学后我再去上班才不会迟到。

老师说："你给孩子一个缓冲期吧，我们午休叫醒孩子都给他们十分钟，让他们慢慢地起床。"

回到家，我按老师的方法做了，并不奏效。我灵机一动，突然想到女儿最爱玩游戏，就让游戏叫她起床好了。"起来，玩游戏了，你是玩《天天酷跑》，还是《天天飞车》？"

女儿听到能玩游戏，立马翻身而起，说："我要玩《天天飞车》。"她穿好上衣，窝在被子里，两只手不停地在平板电脑上划起来，一下子精神焕发了。

我说："玩600秒就起床。"

女儿不懂分、秒的换算，一听说600这个数字，以为很长，就高兴地答应了。她玩了十分钟后，我再提醒她，她就会心甘情愿地起床，等洗漱完毕，就背着书包高高兴兴地上学去了。

一连几天，女儿都是被游戏叫醒的，每天早上起床她都不哭不闹，兴高采烈。看来，游戏的魅力真大呀！

因为贪恋游戏，有时候叫女儿吃饭，她嘴上说来了，但就是迟迟不动。见我走过来，她央求道："妈妈，等我玩完这一局。"

我生气了，干脆抢过平板电脑，关了机。女儿马上哭得稀里哗啦，连饭都不吃。

后来，我想，给孩子一个缓冲期吧，不要这么生硬地关机了，把主动权还给她，等她再玩一局后，让她自己关机。我就问："宝贝，该吃饭了，你还想玩多久？"女儿说："妈妈，我就玩完这一局，行吗？"

"行，说话算数，玩完这一局你就关电脑。"我和女儿都各退了一步。游戏结束，女儿开开心心地关了电脑，吃饭去了。

我尝到了给孩子缓冲期的甜头，再也不会武断地让她做什么事都希望立竿见影，而是耐心地等待，让她高高兴兴地遵守我们的约定，让她的生活和学习都按部就班地进行。

12. 做出特别期待的样子，成全孩子的孝心

接女儿放学，她兴奋地告诉我，老师说她表现好，奖给她两颗巧克力糖，她吃了一颗，还留着一颗，打算拿给奶奶吃。一路上，她紧紧地握着糖果，生怕一不小心弄丢了。

一到家，女儿就兴奋地跑去了餐厅，因为奶奶在那里。

"奶奶，这糖很好吃，您吃了吧。"远远地，女儿的声音传来，带着欣喜与期待。她多么希望奶奶接下这颗糖果，奶奶却说："我刚吃了一个苹果，吃不下，你吃吧。"

女儿垂头丧气地走到我身边，我安慰她："你应该劝奶奶吃呀，你再拿去试一下。"这次，女儿还是失望地回来了。"奶奶说她不吃。"她顿了顿，说，"妈妈，你吃吧。"

我点了点头。女儿小心翼翼地剥开糖纸，取出糖果放进我嘴里，一

边看我吃，一边歪着脑袋问："妈妈，这糖果是不是很好吃？以后你帮我买这种糖果好不好？"

看着她期许的样子，我没忍心拒绝，点头答应，并夸张地做着糖果特别好吃的样子。

这时，奶奶进来了，见我正在吃糖，说："你这么大的人了还吃小孩子的东西，她喜欢吃的，你就让她吃嘛。"

我笑了起来："妈，这你就不对了，孩子想表现一下孝心，你得给她机会，你这样推来推去，反而会阻碍她健康地成长。"

可能是我说得严重了点，奶奶的脸色陡然就变了。

我只好具体地跟她解释："是这样的，妈，孩子喜欢吃的东西太多了，如果我们一味让着她，什么都让她一个人吃，那么她就会养成独享的习惯，不喜欢跟人分享。

"现在，孩子既然能跟大家一起分享她最心爱的东西，我们就要大方地接受，成全她的孝心。我们这样顺从地接受，孩子高兴，我们也能体会到她对我们的爱。如果我们完全拒绝她，不给她表现孝心的机会，那么被拒绝的次数多了，她也就失去了兴趣——她会认为一个人独享是理所当然的。"

经过我的一番开导，奶奶终于露出了笑容。

这之后，女儿拿给奶奶的零食，她再也不会找理由拒绝了，而是拿着津津有味地吃起来。女儿要给奶奶捶背，她也不会说女儿年纪小，干活会累，任由女儿在背上拍拍打打，还做出很享受的样子。

女儿一方面体会到了分享的快乐，另一方面体会到了劳动的幸福，也很高兴。我呢，当然随时会成全孩子的孝心，不管她带给我任何东西，以及给予我任何细微的帮助，我都会称赞她是个有孝心的好孩子。

孩子的孝心要学会成全，孩子的孝心更要从小成全。

13. 让孩子爱上"低科技"

蕊蕊四岁时，特别爱玩电子游戏。那天早上，老公要出远门，我问她："舍得爸爸吗？"

她抬眼看了一下桌上的平板电脑，问："爸爸带小电脑去吗？"

我故意逗她："带，不带怎么行？"她瞬间就眼泪汪汪："我要玩游戏，不准爸爸带！"我见了赶紧说："哄你玩的，爸爸不会带的。"

蕊蕊马上破涕为笑，而且，她还起来把平板电脑抱在了怀里，后来又觉得不放心，把充电器也找来一起抱着。

看女儿这副样子，我又好气又好笑，跟老公打趣道："你看你，活得太失败了吧，连台电脑都不如。"老公也挺郁闷："太难过了，我要出远门她不留，倒是留这台电脑，够伤人自尊的！"

过了一会儿，老公又郑重地对我说："还不都是你害的，说不买这东西，你偏要买——到时她要近视了看你怎么办？"

老公说得我哑口无言。

可不是吗，当初看到隔壁嫂子整天抱着平板电脑玩得不亦乐乎，我坚持要买一台，可我没时间玩，它倒成了女儿的专用物品。她每天抱着平板电脑玩游戏、看动画，忙得不得了，也听话了很多。我倒乐得清闲，让她一个人鼓捣个够。

每天早上，叫女儿起床的不是闹钟，而是平板电脑。她赖床，我就说："起来玩游戏了。"她一骨碌爬起来，马上精神抖擞。

哄她吃饭，我指着平板电脑说："吃完了就让你看'光头强'。"她三下两下就会扒拉完碗里的饭。

哄她睡觉，我拿来平板电脑，说："玩十分钟游戏就睡觉。"她嫌十分钟少，讨价还价要半小时。为了免得她哭闹，我只得依她。

久而久之，她对这平板电脑就产生了依赖。

也许正是因为自己的纵容，女儿才变成了这样的"高科技"迷，不仅视力下降，而且也越来越孤僻。她不喜欢交际，不善言谈，更不许别人碰她的电脑。现在，看到她爱电脑不爱爸爸，我终于意识到问题的严重性，决心让她尽早摆脱"高科技"的束缚，走进"低科技"的生活。

尽管我对高价买来的平板电脑也是依依不舍，但还是束之高阁了。女儿到处找电脑，我编了个理由告诉她："电脑坏了，送去维修了。"

看得出，女儿挺失落，但还是抱着希望，总是问我："什么时候修好拿回来呢？"最后，我索性说："电脑修不好了，拿不回来了。"女儿哇的一声哭了，特别伤心。

为了转移女儿的注意力，我白天陪她画画、跳舞，或者陪她到图书馆借儿童书一起看。渐渐地，她迷上了漫画书，一个人也能看上大半天。傍晚，我会带她到小区溜旱冰、荡秋千、翻双杠。

　　周末的时候，我会带她到儿童乐园玩堆沙子、滑滑梯、蹦蹦床。在这里，她玩得兴奋不已，还能碰上幼儿园的同学。

　　尽管女儿还时常提起小电脑，但明显没那么失落了，而且性格开朗了许多。

　　我还教导女儿多玩些"低科技"：剪窗花、折纸、贴贴画、走迷宫、猜谜语。她从中不仅学到了很多知识，而且发现了生活的乐趣，变得自信而快乐起来。

　　我相信，爱上"低科技"的女儿，童年一定会多姿多彩起来。

14. 带孩子出去走走，别让他做"宅童"

　　由于长期写作、开网店，每天守着电脑，我成了典型的"宅女"。也许是受了我的影响，孩子们都不爱出门或去运动，我当时也并没觉得有什么不好，心想，外面车多人多，待在家里更安全些——她们这样宅下去，顶多只会性格内向一点罢了。

　　有一天，朋友来我家做客，我做饭时发现家里没盐了。小区对面有家小超市，只隔了一条马路，我吩咐女儿下楼去买。她犹豫着对我说："妈妈，我不敢过马路，万一被车撞到怎么办？"

　　我这才意识到女儿长期做"宅童"，不仅胆小，而且连过马路都不敢。

朋友说："我家的孩子从一年级开始就独自上下学了，我经常带她出去走动，她不仅眼界开阔了许多，而且胆子大，从不怕事。你该锻炼一下你的孩子，让她多走走，多看看。"

是呀，看看我家的孩子，跟朋友的孩子相比简直是天壤之别：因为长期宅在家里，缺少锻炼，身体素质很差，动不动就感冒；因为长期宅在家里，她发现问题和解决问题的能力极差，遇到事情不会随机应变，作文因而也写不好；又因为长期宅在家里，她虽然已经上小学三年级了，但不敢一个人上下学。

想到这些，我决定改变自己做"宅女"的状态，带孩子走出去，甩掉她"宅童"的帽子。

送走朋友，我对正在玩游戏的女儿说："宝贝，我带你去对面的小区玩吧，那里有个大花园。"

女儿起初不愿意，但禁不住我再三劝说，终于决定跟我一起去玩。

走到楼下，我教她：过马路要走斑马线，要做到眼观八方、不急不缓。如果看到前方来车了，必须停在黄色线上等待。我一次次地进行教导，女儿终于学会过马路了。

走进对面的小区，花园里栀子花飘香，紫薇也开得繁盛，还有那些小小的桂花花苞藏在枝叶间，深嗅一下，香味顿时让人心旷神怡。我原先还真没注意到这个小区的绿化这么好，来此散步、运动、玩耍的大人小孩可真多。

我和女儿在摇椅上并肩而坐，一种新鲜的空气扑面而来。女儿兴奋极了，说："妈妈，这个地方真美呀，我们以后每天都来好不好？今天的日记我就写这里好不好？"

我当然说行。

这之后，我每天都带女儿出去散步、溜冰、打球，她也越来越活泼开朗了。通过锻炼，她的身体素质提高了不少，再也不会三天两头感冒了，饭量也增加了。更重要的是，她的胆子也越来越大，我可以放心地让她一个人上下学了。

所以，为了孩子的健康成长，千万别让他做"宅童"。

15. 在孩子心中种棵"感恩树"

小时候，因为一次疏忽，致使女儿蕊蕊的脖子上留了很大一块伤疤。伤疤是她四岁时奶奶不小心给烫的，对于这件事，我们一直怀着深深的内疚。

那段日子，我和老公在广东工作，便把女儿托给奶奶照顾。有一次，奶奶在煮饭，女儿在灶火后面玩，一不小心，一大钵滚烫的米汤就倒在她的脖子上。出了事，老人没敢告诉我们，只求了些偏方治疗，所以女儿脖子上留了很深的疤痕。

过年时回到老家，女儿就把脖子上的伤疤给我看。我看后心痛极了，问她："宝贝，怎么弄的？"

她有些愤愤地回答："奶奶烫的。"

　　我当时心里就来气，这么大的伤疤会影响孩子一辈子的。后来，我发现每每有人问起女儿的伤疤时，她总会生气地说："奶奶烫的。"

　　旁人见此，都怪罪起老人来，怪她怎么不小心点，把孩子烫成了这样。女儿更是不得了，每当有人问起，她就将那天的情形添油加醋地描述一番，末了还说："我恨死奶奶了，都不想再看见她了。"

　　我当时心里一震：她这么小就对奶奶充满了如此大的怨恨，这怎么行呢？久而久之，她的仇恨心理会越来越严重——不知感恩，只知抱怨，将来她怎么会获得阳光般的生活？

　　我想，应该在女儿心中种一棵"感恩树"！既然事都已经发生了，身体上的疤痕是没办法消除的，那么就只能慢慢地消除心理上的疤痕了。于是，我经常对女儿说："奶奶也不是故意的啊，她那么忙，要做家务，还要照顾你。还有，奶奶年岁大了，腿脚不灵便，你应该原谅她。奶奶是最爱你的，从小把你带到大，你要懂得感恩——如果没有奶奶，你不会长得这么高，你的身体也不会这么好。"

　　我经常给女儿列举奶奶疼爱她的例子，比如，奶奶一有礼物或零食就会给她，我就说："你看，奶奶自己都舍不得吃，对你多好！"

　　说多了，女儿就往心里去了，不再计较疤痕那事。别人再问，她就会回答："没事，长大就好了。"

　　那天，看到邻家的孩子穿了件吊带衫，像只漂亮的花蝴蝶，我不无遗憾地对女儿说："以后，你可能没机会穿吊带衫了，我们真的很对不起你，要不是当年我和你爸都出去工作，没把你带在身边，也不至于留下这个疤痕。"

　　没想到，女儿郑重其事地回答："妈妈，不能穿吊带衫，我就穿高领衫，没事。老师说了，疤痕会慢慢淡化的。"

七岁的女儿这么懂事，我也由衷地感到欣慰和骄傲。我很庆幸，从小我在孩子心里播下的感恩种子，现在终于开花结果了。

只有让孩子学会感恩，让他感受到家人的爱与关怀，他才不会一味抱怨，才会在遇到困难与挫折时微笑着面对生活。

16. 培养孩子的肚量

蕊蕊上幼儿园大班的时候，我给她报了个围棋班。由于老师引导得好，她对学围棋的兴趣很大，每天回家都嚷嚷着"下棋、下棋"，然后拿棋盘，搬棋子，做好比赛的架势。

我开始很兴奋，总是放下手里的活儿陪她下棋。因为给她报了那么多的兴趣班，只有学围棋她才真的感兴趣——她嚷嚷着要下棋，我当然要全力奉陪。

老师说过，为了培养孩子的兴趣，巩固学到的知识，让她多赢少输。我也遵从这个方法，总是让她赢。所以，有时候本来我是要赢的，但会偷偷地放女儿一马。她以为是我这个"马大哈"没发现，上了她的当，赢了后总是眉开眼笑，而我在失败后会装出一副懊悔的样子。她还取笑我："妈妈，你傻傻的，下这里是死棋！"

每次家里来了客人，她都跟别人夸耀：我围棋可厉害了，没人能下得过我。

不过，我渐渐地发现，女儿是个肚量很小的孩子，只能赢，不能输——只要输了，她就会哭个没完没了。原来，我还真不知道她对输的接受能力这么差，心想，得把培养她的肚量提上日程。

有次跟女儿下棋，我毫不留情地杀了她一个"下马威"，她看局势不利，开始撇嘴，然后眼泪汪汪。我才不管她的情绪，得意扬扬地夸赞了自己的棋术后，旁若无人地走开了。

若是以往，我肯定会留下来安慰她，然后跟她重新下一盘，直到她赢为止。现在看到她哭我虽然心疼，但我意识到，如果我继续纵容她，她便会得寸进尺，做什么事都想赢，输不起，肚量小。

人生哪有不会输的情况呢？训练她接受输的能力，是教育中的一门必修课，越早越好。

这天下棋，她又一次输了，拉开架势正准备开始哭，我打断她，认真地对她说："胜败乃兵家常事，比赛有输有赢，哭不能解决任何问题。你要从失败中吸取教训，想想自己哪儿错了，而不是只知道哭。"

听我这样说后，她认真地总结道："这一次是我太大意了，总以为你会输，没注意下棋步骤。"

再下棋，我偶尔会让女儿赢一下，她渐渐地知道了围棋的博大精深，她需要学习的东西还有很多，不再沾沾自喜、骄傲自满了。

我不仅从下围棋中培养女儿的肚量，还在生活小事上培养她的肚量。

她跟同学吵架了，我就教她不要记仇，跟同学主动和好。跟姐姐比赛跑步，我告诉她不能让姐姐让着，自己输了就是输了。

小伙伴弄坏了她的玩具，她哭着要人家赔，我告诉她："人家不是故意的，就当是自己弄坏了。"

我还故意当着她的面，将她最爱吃的巧克力分给大家吃，告诉她："分享也是一种快乐。"

经过培养，女儿不再小肚鸡肠了。我还拿她原来经常哭哭啼啼和现在开开心心的情形做对比，告诉她："肚量大了，快乐就来了。"

女儿终于明白，在人生这条路上，要学会面对输，没有什么输是不能接受的。胆子要大，肚量更要大——肚量大了，才不会计较那么多的事，生活才会开心起来。

17. 让孩子意识到输也是人生常态

我正在书房里整理文件，猛然听到客厅里传来小女儿蕊蕊的哭声，我隔着门问："怎么啦？"

这时，大女儿嫚嫚跑进来说："妹妹刚才邀请我下围棋，她想执黑棋，我也想执黑棋，我们就说以'石头剪刀布'作规则，谁赢了谁执黑棋。结果我赢了，可她还是不让我执黑棋，还趴在沙发上哭。"

蕊蕊听到我们议论她，哭得更厉害了。

要是平常，我肯定跑去哄她了。也许是我以前太宠她，以致她干什么都喜欢跟姐姐争：上楼下楼争，洗脸洗脚争，就连上厕所都要争第一名，稍不如意就大哭大闹。因此，这造成她的性格倔强、霸道，接受不了失败。

蕊蕊是个典型的输不起的孩子，在家里我们会让着她，可在学校里，以后长大了在社会上，谁会让着她呀？我突然意识到，是我平常太宠爱她而害了她。

这次，我铁了心不再哄她了。我走过去对她说："既然说好'石头剪刀布'定输赢，规则已经在那里了，愿赌就要服输嘛！你这样赖皮，是不对的。"说完，我关上了门，做出忽视状。

不过，我还是在留心听她的哭声。渐渐地，她从大哭转成呜咽。半小时后，呜咽声消失了，然后我听见她跟嫚嫚说笑的声音。

前阵子看《爸爸去哪儿》，曹格在教育他的一对儿女——哥哥 Joe 和妹妹 Grace 时，他俩争执不下，需要"石头剪刀布"定胜负，曹格总是在前面说上一句："石头剪刀布，输了不能哭。"

他这样教育孩子，也是为了提早让他们学会愿赌服输。也许是从小就灌输了这种思想，三岁的 Grace 输了也没哭。

我何不学学这种做法，给孩子打打预防针呢？

以后，每次跟蕊蕊玩游戏我都会提前说一句："输了不能哭，要不我们就不玩了。"在她大声保证之后，我们才开始玩游戏。如果她不答应，即使她特别想玩，我也不会搭理她。

我还告诉嫚嫚："以后你别什么事都让着妹妹，她输了就输了，她要哭就哭吧，别管她。"

原来我很担心蕊蕊输了会不高兴，发脾气。这之后，我不再刻意让她赢，而是故意让她输，以此来锻炼她的心理承受能力。

经过一段时间后，蕊蕊果然有了愿赌服输的意识，她不再因为输而不高兴了。每次跟姐姐跑步上下楼，如果她跑得慢也不会哭了，而是对自己说："下次我一定能赢！"

见此，我总是趁热打铁地鼓励她："真不错，输了也不哭，是妈妈的乖宝贝！这次输了不可怕，下次我们要努力赢回来。"我及时将正能量传递给她，她也自信起来，不会像以前那样因为输而哭鼻子了。

让孩子学会"愿赌服输"，他才会正确地对待失败，才会成为输得起的孩子，继而成为自信、快乐的孩子。

18. 家长多传递正能量给孩子

下班回到家，我想起工作上的烦心事，生气地嚷嚷："烦死了，工作量那么大，工资拿得比别人少，奖金没别人多，还要我出去应酬，这活儿我真不想干了！"

这时奶奶来劝我："其实，你们领导对你挺不错的，你看上次我们家积压的那些货，不都是他帮忙销出去的吗？没想到还赚了一笔。你当

时不是说要努力工作，报答他吗？"

我仔细想了想，还真是，于是心生悔意，想着明天好好处理工作上的事。女儿正好放学回家，她把书包一丢，马上就开始跟我们抱怨："烦死了，作业那么多，还让我们写读书卡，每天还要交一篇日记，这不是要整死我们吗？这个书我不想读了！"

奶奶扑哧一声笑了："你看，你妈都把坏情绪传染给你了。我刚劝完你妈，劝你的工作就交给你妈，我不管了。"说完她转身进了厨房。

"你不想读书了，想干吗？"我问女儿。

女儿的梦想是当老师，她理直气壮地回答："我可以当老师啊！"

我耐心地劝解她："你看，你想当老师就得认真学习，要不，你怎么教学生啊？你斗大的字不认识几个，读书卡不会写，日记也写不顺。你现在认真地做好老师布置的作业，将来才有机会站上三尺讲台。"

听我这么说，女儿赶紧掏出作业本来写作业。

第二天，我和女儿同时到家，刚扔下手中的东西，竟然异口同声地说："烦死了！"

第三天还是这样说，我俩都吓了一大跳。面面相觑后，我这才意识到问题的严重性，赶紧闭了嘴，心想，这阵子"烦死了"几乎成了我和女儿的口头禅，这些负面情绪散播出去多不好啊，不仅影响到自己的心情，还影响了别人。

我赶紧转移话题："今天我真高兴，接了一个大单，可以挣不少提成。"女儿两眼放光地问："是不是可以帮我买台电脑了？"

我说："行，只要你改掉说'烦死了'的坏习惯，成绩再进一步，我就给你买。对了，'烦死了'这句话你是跟谁学的？"

女儿挠着头想了一会儿，说："好像是听你说的吧？"接着她又嘻嘻地笑着说，"你让我不说，你得保证自己不说，我听多了，自然而然也就跟着说了。"

我和女儿约定，以后每天都不许说丧气话，而要多说说开心的事、值得骄傲的事。女儿点点头："行，那我告诉你今天我最开心的一件事，就是听写得了 100 分，老师给了我一朵大红花。老师还说，集齐五朵大红花就能奖一个礼品。"

我们遵从约定，每天都积极努力地报告好消息。没几天，"烦死了"这句话便在我们家销声匿迹了，取而代之的是：我今天可高兴了！

我逐渐感受到了正能量的力量，不仅自己做事顺利了许多，而且孩子在各方面也进步了许多。

父母是孩子最好的老师，多给他传递正能量，他才能阳光快乐地成长。

19. 追星要适可而止，让孩子做回自己

前阵子，我带大女儿嫚嫚去超市购物，她看中了一套标价为 388 元的黑色迷你裙，硬要我掏钱帮她买。我问她理由，她扬着脸得意地反问

我："妈，你看我穿起来是不是更像蔡依林？同学都说我像她。"

"你要以学习为重，知道吗？"我埋怨了一句，却又不忍心破坏她的美好心情，何况她穿上这套衣服确实显得更加亭亭玉立，便应许了。

回家后，女儿急不可耐地找出蔡依林的 MTV，模仿她说话、唱歌、跳舞。她跟我说："妈，过些天我们学校有个文艺会演，我就唱《爱情三十六计》，肯定能拿大奖。"

女儿有很强的模仿天赋，电视上的相声、小品等，她只要看几遍，就能惟妙惟肖地学下来。看着她激动的样子，我也很开心。

文艺会演上，女儿以音色质感优美、表演生动自如赢得了比赛的第一名，并被同学们冠以"小蔡依林"的美称。从那以后，女儿的明星梦更加强烈了，每天一放学，她就把自己关在房间里，翻开杂志上的蔡依林照片，对着镜子化妆、唱歌、跳舞，模仿蔡依林的姿态和声音，哪怕是一个微小的动作都不放过。

因为在这方面花的时间太多，她的成绩越来越差。更严重的是，为了变成像蔡依林一样的骨感美女，她连晚饭都不吃了，饿了只吃苹果。

我看在眼里，急在心里，决定跟她好好谈谈。一天，我来到女儿身边，假装好奇地问："你知道蔡依林为什么这么受欢迎吗？"

"为什么呀？"女儿放下手中的眉笔，饶有兴致地等待着我的答案。

"那是因为她的曲风和舞蹈都有自己的特色，别人模仿不来。其实，一个人最可贵的地方就是有自己的特色，一味模仿别人，最后都不会成功的。"

听我这么说，女儿连连点头。

我继续说："你天真、活泼，脸圆嘟嘟的，很可爱，学习起来很认真，这些都是你的特色——这些宝贵的特点千万不能丢。虽然你爱模仿，但认真学习是你们这个年纪的孩子最应该做的。"

女儿懂事地点点头，并且向我保证，在适当地享受模仿的乐趣外，一定会做回她自己。

模仿是孩子的天性，但对他们来说，最宝贵的是能够一直做自己，活出自我的风采，不迷失自己。所以，不要鼓励孩子无休止地模仿明星，要让他知道，能够做好自己就是最大的成功。

20. 让孩子学会取舍

周末，我带女儿去买衣服，她看中了一条粉色的公主裙，并且觉得白色的公主裙也不错。虽然两件公主裙的款式差不多，但她左手拿一件，右手拿一件，说两件都喜欢，很难选择。

我看着价钱也不贵，便都买了。

可是，这两件公主裙，粉色的她穿得多，白色的她穿过两次就不喜欢了。我觉得浪费钱，但也没办法。

有时带女儿去超市购物，她会主动去挑选自己喜欢的食物。她先挑了几包糖果，又拿了几包饼干，还提了一箱牛奶，看到果冻又喜滋滋地称了一大包。我望着满满一筐零食，问她："这些都是你喜欢吃的？"

"是啊，都是我喜欢吃的，妈妈帮我付款吧。"

结果，我买回去后，绝大部分零食，她拆开包装吃过几口就扔在一边，说不爱吃了。我看着心疼，只好心不甘情不愿地吃掉她吃剩的。

我意识到，这是孩子不会取舍造成的浪费，也是我娇惯她的后果。我觉得要尽早让孩子学会取舍，让她知道如何获取自己最喜欢、最适合自己的东西，舍弃不必要的东西，不能让她任性地实现所有的要求。

我要让她知道，每个人喜欢的东西有很多，但不可能全部都买回家——要让她学会选择最爱的，懂得鱼和熊掌不能兼得，有些东西我们必须舍弃。

基于此，我便有意识地训练她的取舍意识。

再次去超市购物时，我对她说："宝贝，你去挑自己喜欢的东西吧，但只能拿一样哦。"她嘟嚷着嘴，一脸的不高兴："才一样呀！那怎么行？"

她拿了一盒糖果，看到饼干时放下糖果，抱起一盒饼干。看到果冻，放下饼干拿了一袋果冻。想想觉得果冻不好，又去找刚才放下的糖果。她不知道该怎么选择，像小猴子搬玉米似的，滑稽极了。

我教她把喜欢的食品全放进一个筐子里，然后一样一样地筛选，将不那么爱吃的食品一件一件地挑出来。

现在购物篮里总共有四样：一盒糖果、一盒饼干、一袋果冻、一箱牛奶。她一边说一边往外挑："这糖果吃多了蛀牙，还是不要了。这饼干家里还有一盒，也不要了。"只剩下牛奶和果冻了，她想了想，"上次爸爸说果冻吃多了不好，把果冻也拿出来吧。"

最后只剩下一箱牛奶了，这就是我想要的结果，我高兴地去结账。

这之后，带女儿去购物，我只让她选一样。她也渐渐地养成了好习惯，不再盲目地往购物筐里装食品，而且越来越有目标性了——在进超市之前，她便心里有了底，拿起什么就走，再也不会东挑西选耗费大把时间了。

买衣服，她也不会纠结了。她会挑一件自己最喜欢的衣服，还会说明喜欢的理由。

女儿越来越懂事了，她说爸妈挣钱不易，买东西选一样就好。

我发现，让孩子学会取舍后，家里的玩具、零食、衣物虽然越来越少，但都是她精挑细选的，每一样她都会格外珍惜。我想，女儿学会了取舍，在以后的生活里她将受益匪浅。

21. 别给孩子"贴标签"

七岁时的嫚嫚爱偷懒，我做家务的时候让她帮点小忙，她不是找借口说作业没做完，就是说自己腿疼，做不了事。

做作业的时候，她发现如果做错了，即使橡皮擦在手边，她也不会拿橡皮擦擦掉再写，而是直接在答案上涂写。还有，她更因为不爱背诵课文，老被老师点名批评。老师也说了，她不是记忆力差，而是懒。

我气极了，叫她时干脆不叫昵称，也不叫大名，直接唤她："懒虫！"

那天放学后我去接她，她磨蹭了半天也没出来。我走进教室，大声对她说："懒虫，你今天是不是又偷懒了，被留校了？"

嫚嫚理直气壮地争辩："没有，我今天值日，刚干完活儿。"我笑她："你那么懒，还会值日？"

嫚嫚一下子生气了，不理我了。老师走过来说："她今天还真做了很多事，黑板是她擦的，地是她扫的。真勤快！"

听老师这样表扬，嫚嫚紧锁的眉头这才舒展开，开心地笑了。

没过几天，嫚嫚又闹小情绪，回家后直接进了房间。我喊半天她都不答应，推门进去看，发现她正趴在床上哭。

我问她："是不是在学校里受了什么委屈？"

嫚嫚边哭边说："都怪你。"

我感到莫名其妙：这几天我都没去学校接她，有什么事能怪上我？

嫚嫚哭哭啼啼地说："你当着那么多同学的面叫我'懒虫'，现在，他们都取笑我。我是有点懒，但不是在改正吗？谁能一生下来就什么都会的。"

原来，我说她懒，伤了她的心。我无形中给她贴了一个标签——"懒孩子"，并且经常用这个标签来发泄我的气愤。

不过，嫚嫚已经意识到了自己的缺点，正努力改正着。做作业时，她都要先找到橡皮擦放在旁边，还在上面写着"认真"两字。我喊她做家务，她也不再推托了，而是尽力地帮我做些小事。可见，她是下决心要改掉懒散的习惯。

我决心撕掉贴在女儿身上的"懒孩子"标签，不再喊她懒虫。当她表现好时，我还会适当地给予她鼓励，称赞她的进步。

那之后，嫚嫚的学习积极性提高了，做作业也快多了。早上喊她起床，她也不再在床上磨蹭了。她变成了一个爱学习、爱劳动的好孩子。

杨澜曾说："被贴上标签的孩子很容易破罐子破摔。"好在，我及时醒悟过来，撕掉了贴在女儿身上的标签，没给她破罐子破摔的机会。

每个人都有缺点和不足，孩子更不例外。当我们发现孩子的缺点，不能夸大其词，而是要给他以尊重、鼓励与肯定，适时地引导并慢慢地淡化他的缺点，别让缺点成为他的心理负担。这样教出来的孩子，心中才会充满阳光。

第二辑

尊重孩子的人格，
　　给他宽松的生活环境

　　不是每个孩子都能成为莫言，揠苗助长的教育方式只会害了孩子。为孩子营造轻松愉快的学习氛围，才会让他享受到学习的乐趣，才会激发出他的无限潜能。

1. 捕捉孩子的兴趣

"妈妈，你猜我最喜欢星期几？"女儿问我。

我想，小孩子一定都是喜欢星期天吧，于是回答："星期天。"

女儿摇头："不对，你再猜。"

我继而又猜了星期三，因为星期三下午有美食分享课，嘴馋的她最爱吃零食了，可她也摇了摇头。看我实在回答不出，她告诉我："妈妈，你知道吗，我最喜欢星期六了，因为这一天有围棋课。"

我欣慰地笑了。

我一直不知道让女儿学点啥好，她好像对什么也提不起兴趣，围棋课也是这学期才报的。没想到，她对围棋课特别期待，而且只学了几堂课就能跟人对弈了。

难怪老师都说："这孩子眼睛尖、脑子快，学棋有天赋。看得出来，她享受学棋的氛围。"

这两年为了捕捉女儿的兴趣，我花了很多心思。都说女孩子学乐器好，在她四岁时我就给报了个二胡班。她起初很感兴趣，但后来老师说她拉二胡时注意力老不集中，可能不是真正的喜欢，我也只好作罢。

后来，我看她不太喜欢说话，给她报了朗诵班，没想到她也不是很喜欢，虽然坚持了下来，但没有什么效果。再后来，我看到她喜欢涂色，便给她报了绘画班。她对画画倒是没那么反感，每次我说去上课，她也跟着去，没有反抗情绪。但是，最后一堂课我陪着她去，其他小朋友很快交了作业，她却什么也没画出来。

听闻围棋课能开发大脑，增强记忆力，我想让女儿试试，可她一口就回绝了。

有一天，我带女儿去表姐家玩，看见她正在跟孩子下围棋。女儿甚是好奇，在旁边围观。事后不久，表姐带孩子去江苏读书，把家里所有的玩具和学习用品全都送给了女儿。看到棋盘，她高兴地问："妈妈，我们下棋吧？"

我连围棋规则都不懂，怎么下？可女儿一点不含糊，一下子就吃掉了我很多棋子。我问她："这样能吃吗？是这样下的吗？"她斩钉截铁地说："是这样下的，没错，我看到冬冬姐姐是这样下的。"

这之后，她只要闲下来，就要我陪她下棋。我突然觉得，这孩子可能适合学围棋。开学的时候，我便问她："宝贝，这学期你最想学什么？"她不假思索地回答："妈妈，我学围棋吧。"

从那天起，她就认真地学起围棋来，每天都要我陪她下一会儿。几天前，她感冒了，我说："我帮你跟老师请过假了，今天不去学棋了。"可她哭着说要去，没办法，我只得送她去。看到她从学校出来时满脸得意的样子，我就知道她已经爱上围棋了。

虽然用了两年时间，并且花了不少的精力，但我终于捕捉到了孩子的兴趣，只要是她感兴趣的，我就会引导她一直坚持下去。

我很欣慰，我觉得付出的一切都是值得的。

2. 孩子的每一个梦想都值得呵护

前阵子，我帮女儿整理书桌的时候，发现她的作文本上的第一篇作文是关于梦想的，她写道："我的梦想是多读书，读好书，做一名学霸。"

看到这里，我有些好笑。因为期中考试刚考完，她的成绩是语文82分，数学88分，英语78分，在班上属于中等，就这样还想当学霸？

女儿进来，见我翻看她的作业本，很生气地一把抢走了。

我笑她："你成绩这么差，还想当学霸？笑死人了。"女儿白了我一眼："想当学霸怎么了？我们班很多人都想当学霸呢。"

"可当学霸要成绩非常好，你们班长、学习委员想想可以，你那成绩想当学霸就是异想天开。去年，你每门功课还在90分以上，现在退步到80分上下了，这样子，你离学霸是越来越远了哦。"我着实为这80多分的成绩生气，不禁有些挖苦地数落道。

女儿听后不再辩解什么了，因为她的成绩现在下滑了，这是事实。

一连几天，女儿闷闷不乐的，懒洋洋的，做作业、做家务也不积极主动了。家庭琐事多，我也没放在心上。

直到几天后，班主任找我谈话。原来，女儿这阵子的表现不尽如人意，老师注意到了她的变化，找她谈心后才得知，她是因为我嘲笑她的梦想而受了打击，不再相信自己了——因为连她最亲的人都不鼓励和支

持她，还嘲笑她。

老师对我说："每个人都有自己的梦想，孩子现在实现不了，将来说不定呀。就是不实现，有一份美好的梦想充盈生活，那也是一种希望。对孩子，我们要多鼓励、赞扬，少打击、批评。你看，这些孩子写的梦想，只要是正能量的，我都给他们评了优。"

老师一本本地给我翻看作业本，我看到那些孩子写的梦想后惊讶极了，有的同学的梦想是去月球，创造新世界；有的同学梦想发明机器人，让机器人帮忙干家务；而有的同学的梦想是当世界冠军……

在我看来，这些梦想都是遥不可及的，但老师在每篇作文后面都认真地点评道：你的梦想好极了，只要你努力，就会有实现的一天。加油哦！

我这才意识到自己做错了：孩子有梦想，就该支持她。

女儿放学后，我认真地给她道了歉："我不该嘲笑你的梦想，我相信将来你一定会实现自己的梦想，我期待着这一天哦。"

女儿高兴地回答："就是嘛，我现在虽然不是学霸，但将来也说不定嘛。我再认真点，努力点，朝着梦想一步一步迈进，肯定会越来越好的。老师说过，只要努力，每一个梦想都会开花。"

女儿脸上洋溢着灿烂的笑容。我知道，她已经从我嘲笑的阴影中走出来，开心地朝着自己的梦想奔去了。

我们不要嘲笑孩子的梦想，打击他的自信心，粉碎他前进的希望。有梦想，就让他勇敢地去追，不管能不能实现，家长能做的，就是与他们并肩前行，为他们鼓励、加油。

3. 帮孩子化解考试的压力

有天清早，蕊蕊突然哇哇大哭起来。

难不成是做了噩梦，被吓成这样？我赶紧跑过去安慰她，她却抽抽搭搭地回应道："妈妈，我不是做梦，是今天要考语文，可拼音我还不会，怎么办呀？"

蕊蕊刚刚上小学一年级，由于上幼儿园时老师主张孩子多开发兴趣，拼音和数学都没怎么教——相比其他幼儿园的孩子，女儿落后很多，数学还好些，拼音就有些吃力。

我也一直觉得，学习是个慢慢积累的过程，拼音等到上一年级再学也不迟，所以我也没有特意要求她一定要学会什么。只是，这是她人生的第一次考试，她看得很重要，我需要及时地引导她一下，既不要让她有压力，也不要让她轻视。

我笑了笑，对她说："没事的，宝贝，这次没考好，妈妈不会怪你。你只要尽自己最大的努力，认真仔细地答题，考差了妈妈也不会批评你的。"她还是哽咽着说："我们班很多同学的拼音在幼儿园都学得很好，可是我为什么就没有学？等下怎么答题呀？"

看蕊蕊实在是着急，我便建议道："这样好不好，你快起床，我们温习一下知识点。"

　　蕊蕊一下子爬起来，穿衣下床就开始找本子和笔。我和她一起坐下来温习拼音，并把她觉得难的"整体认读音节"又听写了两遍。渐渐地，她心里有了底，高高兴兴地上学去了。

　　接蕊蕊放学时，她兴奋地对我说："妈妈，考试一点也不难呢，我都答出来了，真的。"

　　看着蕊蕊兴奋的脸，我问道："那你估计能打多少分呢？"

　　"100分！"蕊蕊斩钉截铁地回答。

　　我拥抱了一下女儿，夸她真棒，并对她说："不管考多少分，只要尽力了，你就是妈妈最棒的宝贝。"

　　我知道得满分对蕊蕊来说很难，我预感到她拿不到满分，便提前给她鼓气，让她不要有压力。果然，第二天放学后，她哭丧着脸呜咽起来："妈妈，我只考了94分呢。"

　　"94分呀，很不错了呢。"我故意夸大语气，不顾周围人的诧异眼神，很大声地夸赞她，然后蹲下身来，给了她一个拥抱。

　　蕊蕊破涕为笑，反复地问我："真的吗？真的吗？"

　　我肯定地回答："是的，你真的很棒，妈妈因你而骄傲。"

　　女儿终于顺利通过了人生的第一次考试。

　　我知道，这样的考试以后还会有很多，我也知道有自尊心的她，因为我的鼓励，都会认真对待每一次考试，并顺利通过。

4. 给孩子一次"职业体验"

前些年，嫚嫚一直没有明确的学习目标，也没有远大的志向，我便计划着让她进行一场"职业体验"活动——这样，她对职业就会多一些了解，对自己将来做什么能有个很好的规划。

刚刚放暑假时，我就跟嫚嫚交代，这个假期她最主要的任务就是从事"职业体验"活动。

我的计划是：亲戚中有人当农民，有人当工人，有人做医生，有人是网络写手，有人从事高级 IT 行业……她要在这些亲戚家中分别住上几天，参与到他们的生活和工作中去，那样她对一些职业就会有更深的了解。

我的表弟博士毕业后，在北京一家公司从事高级 IT 工作，拿着高薪，是我们全家人的骄傲，嫚嫚极其羡慕他。刚好我姑姑想去北京看儿子，第一站，我便安排女儿跟着去了北京。

大公司就是不一样，连餐厅都有大型游乐设施，嫚嫚玩得不亦乐乎。但她看出了舅舅的不易，每天急匆匆赶地铁不说，还得加班到深夜，有时凌晨一两点才睡。嫚嫚感叹道："舅舅好辛苦，这高薪也不是那么好拿的呀！"

过了几天，嫚嫚跟着我姑姑回了湖南老家。姑父是牙医，每天都要动手术，嫚嫚便跟着他体验医生的生活。我姑父告诉她，医生要有强烈的责任感，稍微出错就会危及病人的生命。

嫚嫚感叹：医生的职业虽忙，但能救死扶伤，受人敬仰。正因如此，她决定以后要改掉"马大哈"的毛病。

我的父母经营着一家小店，以烧电焊、修理柴油机为主。我让嫚嫚跟着外公外婆生活几天，刚开始她很不乐意，说那里又脏又破又吵，但她禁不住我软硬兼施就答应了。

体验了三天后，嫚嫚实在受不了那里的吵闹声，就说："妈妈，外公外婆这行也太辛苦了，我要好好读书，以后要坐在干净的办公室里做事。还有，我要多挣钱来孝敬他们。"

接着，嫚嫚去体验了一把网络写手的生活。

我小妹是网络写手，收入还不错。嫚嫚跟我说："小姨的工作最好了，每天不用出门，对着电脑写一写，轻松又自在。"但她只看到了表面，哪里知道做网络写手的压力。

我告诉她："做网络写手，每天都要更新文章，再忙再累也要坚持下去。"

嫚嫚体验了这些职业后，总结道："妈妈，每个职业都有每个职业的难处，每个人的生活都不容易。金钱不是天上掉下来的，我要学会节约，还有，我得努力学习，争取将来给自己创造好的生活条件。"

她说得头头是道，我点头微笑着回应。这之后，嫚嫚端正了学习态度，认真做起假期作业来。有时，她还会帮我做些家务。

通过这次"职业体验"活动，我看到了一个全新的孩子，真好。

5. 别把孩子看扁了，他也有"超能力"

蕊蕊四岁的时候，看到隔壁的大姐姐滑旱冰，很是羡慕，吵着也要我给她买一双旱冰鞋。

我在网上看到过一些负面新闻，说是有的小孩子没做好保护措施，滑旱冰时摔得头破血流。于是，我告诉女儿："这是大朋友玩的，你太小，不适合。等你长大了，我一定给你买。"

她却坚持要，每天都提起买旱冰鞋这事，连做梦都会说："滑旱冰，我要滑旱冰。"

有一天，蕊蕊又说要我给她买旱冰鞋的时候碰巧被老公听见了，他劝我："你就给她买一双吧。"我解释："不给她买有两个原因：一是因为她年龄小，肯定学不会；二是滑旱冰太危险，容易摔跤。"

老公回道："你又不是小孩子，怎么知道她学不会？给她买一双吧，你让她全副武装上阵就好了。书上说，三岁的小孩就可以滑旱冰了，那会促进骨骼的生长发育，开发智力，还可以锻炼肢体平衡能力和胆量。对她成长有利的事，我们要全力支持！"

我被老公说服了，马上在网上淘了一双粉色的旱冰鞋，滑动轮子还会发出七彩的光，很漂亮。蕊蕊抱在怀里左看右看，喜欢得不得了。

我心想，暂时就让她当玩具吧。我没管她，径直走到书房看书去了。

等我出来倒茶时，发现她正穿着旱冰鞋，扶着茶几转圈。她估计已经转了好多圈了，额头上满是汗。见了我，她很是兴奋地说："妈妈，我会滑旱冰了，你看！"

我惊讶地望着蕊蕊，有些不可置信。蕊蕊扶着沙发，竟然可以从左边移到右边，真让我刮目相看。

我真是看扁了女儿。我想起去年朋友送了我一双溜冰鞋，老公扶着我，我无论如何都站不起来；但在没有任何人帮助的情况下，女儿竟然轻而易举地学会了。

在得到我的表扬后，女儿更加卖力地滑开了。为了安全起见，我跟蕊蕊约法三章：必须穿上全套装备，戴上安全帽、护膝、护肘、护腕才能滑。否则，我发现一次，禁止滑旱冰一个月。

见我说得坚决，蕊蕊听话地点点头。

蕊蕊的滑冰技术突飞猛进地增长后，见了她的人都伸出大拇指夸奖她勇敢。她因此兴奋不已，我也得意。我适时地提醒她："你还是个新手！"她大言不惭地说："新手也能很棒！妈妈，我是不是很棒？"

看着蕊蕊自信满满的样子，我由衷地称赞她："妈妈的宝宝真的很棒！加油，你会滑得更好的。"

别把孩子看扁了，别小看他的好奇心、理解能力和探索能力。

孩子天生就是一个"超能"的模仿家，放手让他做自己想做的，你会发现他能给你的不仅有惊喜，还有骄傲。

6. 别轻易跟孩子哭穷，这样会导致他自卑

邻居家给孩子买了一款玩具故事机，不仅能讲故事，而且能捉迷藏。女儿见了，很是喜欢，嚷嚷着想要。

我本来计划给女儿买一个，但在网上搜索后发现，一个要 600 多元，实在不划算，便对她说："我们家很穷，买不起。"

女儿被这样拒绝几次后，也不再提起这事了。

女儿的班上有一个小女孩，父母为她配备了一款平板电脑，她常常抱着电脑玩游戏、听歌。女儿羡慕极了，回家对我说："妈妈，你能帮我买个平板电脑吗？"

我心想，电脑用多了会近视，现在她还小，想查资料可以用工具书，没必要买电脑。但我懒得跟她解释，就直接说："我们家哪有钱呀？你看，那小电脑太贵，没钱买！"

女儿很失落，说为什么人家有，她就没有。我没理睬她，她见我态度坚决，也不再要求了。

有一天，女儿和小伙伴们在楼下玩，有人提议星期天去海洋馆玩，可女儿犹豫了半天，还是没答应。

小伙伴问："你不想去吗？海洋馆有可爱的海豚，它还会顶球呢。"

女儿小声地回答："海洋馆门票太贵了，上次跟妈妈去了一次，她

就唠叨贵。我不是不想去，只是我们家太穷了，去不了。"

小伙伴们听后，都取笑她是个穷人。

这之后，只要提到钱的事，女儿就会愁眉苦脸——就是一些正常的要求，也总是担心我会拒绝她，不到万不得已不跟我开口，即使交班费、捐款、学校组织出游，她也总是最后才告诉我。

有几次，她认真地问我："妈妈，为什么我们家会比别人家穷呢？"

我回答："就是穷呀，不过穷人的孩子早当家。你要好好努力，将来挣大钱。"

我发现，女儿越来越不快乐，越来越自卑了。在我又一次武断地拒绝她，说我们家穷后，她痛哭流涕地表示："我不想当穷人！"

我这才知道，我过早地给她戴上了一顶"穷人"的帽子，在她原本纯真的心灵上加了一把锁。

意识到这点，我向她承认错误，告诉她："其实，我们家不穷，你也不是穷人。妈妈不给你买故事机，是因为我觉得看纸质书比听故事更容易让人记住内容。我不给你买平板电脑，是因为你现在正是视力发育阶段，看多了电脑会成近视眼。"

我还告诉她，只要她的要求合情合理，再贵我也会给她买。

女儿听后喜笑颜开，高兴地拥抱了我一下。

孩子的要求，我们不能一味满足，但也不能直接以穷为借口加以拒绝。虽说穷人的孩子早当家，但过早地给孩子戴上一顶穷人的"帽子"，在这样的环境下长大，他一定会自卑、不快乐。

所以，别跟孩子哭穷。

7. 让孩子爱上朗读

女儿拿着小学课本跑到我身边来，大声地诵读道："妈妈，你听，这一段写得多好呀：田野里，稻子熟了，黄澄澄的，像铺了一地金子。棉花吐絮了，露出洁白的笑脸。红玛瑙似的高粱点着头，好像在说：'丰收的季节真美丽。'这描写简直神了！"

我点点头，微笑着问她："你现在体会到语言的美了吧？"她不好意思地笑起来。

女儿原先讨厌朗读，因而老师要求背的课文，她极少能按要求完成。我建议她大声地朗读出来，但威逼利诱都不奏效。甚至，我还偷偷让老师给她灌输朗读的好处，但她依然坚持默读。

前阵子，中央电视台推出了新节目《朗读者》，这个节目让我受益匪浅，并立马喜欢上了。我有心要让女儿也受此影响，于是在第二期的时候，我便拉着她一块儿看。

这一期的主题是"陪伴"。杨乃斌朗读的是"世纪老人"冰心的《不为什么》，他用深情的音调朗读着：

"有一次，幼小的我，忽然走到母亲面前，仰着脸问：'妈妈，你到底为什么爱我？'

"母亲放下针线，用她的面额抵住我的前额，温柔地、不迟疑地说：

'不为什么，只因你是我的女儿！'"

女儿被这些动人的语句吸引住了，目不转睛地盯着电视，直到节目完毕。"妈妈，他读得真好听，我好感动。"女儿抱着我，由衷地赞叹道。

"当然，中国的文化博大精深，每一个字都很美，你读出来了，才会知道中国文字有多么美妙！"我希望女儿能尝试诵读，便鼓励道，"你试试，你也可以读得很美。"

"真的吗？"女儿兴奋了起来。

"那是肯定的！要不我也找到这一篇，你照着读，试试？"在得到女儿的肯定之后，我立马上网找到这篇《不为什么》，并且打印了出来。

女儿拿着文章，清了清嗓子，跃跃欲试。

第一遍，女儿读得有些拗口，断句也不好，我帮她指了出来。

第二遍，她就朗读得顺利多了，但还没有投入感情。我深情地读了一遍，又让她跟着我读。

第三遍，她已经投入了情感，比前两次朗读得优美多了。我适时地夸奖她，并跟她一块儿朗读。

没几天，女儿就爱上了朗读，每天做完作业，她都要读课文给我听。新课文读完了，她又找出以前的课本，一篇一篇地朗读起来。

女儿的进步很快，很多课文她朗读几遍就能背熟了。她渐渐地感觉到：朗读真是一件神奇的事。

如今，女儿也成了《朗读者》的忠实粉丝。她自豪地说："家有'朗读者'，幸福又快乐。"

8. 别急，听孩子把话说完

周末吃过午饭，七岁的嫚嫚在客厅看电视，我叮嘱她一番后，就虚掩着门睡觉去了。等我醒来后发现，对面雪白的墙壁上贴了一张花花绿绿的小纸条。

我跟女儿交代了很多次，不许她在墙上乱涂乱贴，没想到她仍是当耳旁风。我的火气一下子蹿上来了，喊道："嫚嫚，你给我过来！"

"妈妈，我告诉你一件事，今天……"嫚嫚眉飞色舞地说着，完全没有注意到我的脸色已经变了。我打断她的话，指着墙壁问："是你贴的吧？你觉得贴这个好看吗？"

嫚嫚抿了抿嘴唇，又想争辩，但我立马阻止了她："别跟我辩解了，没用！我再跟你强调一遍，不许乱涂乱贴，下次发现绝不轻饶。现在，你把它撕了！"

嫚嫚执意不撕，眼泪汪汪地走开了。

我刚要去撕，却发现这不是从书上撕下来的纸条，而是她的涂鸦，用油画棒涂的，周围涂了花花绿绿的颜色，中间画了一颗红心。我仔细一看，上面是五个不同颜色的字："妈妈，我爱你。"

我突然怔住了，过两天是我的生日，这是她要送给我的礼物吗？一时间我无比感动，对着涂鸦端详了好一阵，没撕。

傍晚收拾房间，我发现垃圾桶里有几张差不多样式的画，看来，嫚嫚为了画这幅画费了不少心思，而贴在墙上的那张肯定是她的得意之作。

女儿想给我一个惊喜，然后让我夸奖她，可我做了什么呢？她受了怎样的打击啊！我越想越后悔，越想越觉得对不起女儿，不该委屈她，更不该抹杀她的这份美好情感——她这是在感恩，而我却武断地认为她在乱涂乱贴。

我回想起她说话时的兴奋神情："妈妈，我告诉你一件事，今天……"她是要告诉我什么呢？我决定跟女儿好好谈谈，听她把话说完，并且承认自己的错误。

吃完晚饭，我叫住嫚嫚："嫚嫚，当时妈妈很冲动，对不起！谢谢你送给妈妈的礼物，我非常高兴。那张画我没撕，我们就让它永远贴在那里，好不好？"

嫚嫚点点头，眼神里露出惊讶。

我问她："告诉妈妈，你原先打算说什么？"

嫚嫚犹豫了一下，说："妈妈，我想告诉你，你的生日马上就要到了，我想送一件礼物让你开心一下，于是我就画了那幅画。看你睡得香，我就把画贴在了墙壁上，我想，你醒来第一眼就会看见。"

嫚嫚说得没错，我醒来第一眼就看见了，可我却怒火冲天。我不好意思地说："对不起，妈妈错怪你了。"

嫚嫚扑到我怀里，在我耳边轻声地说："妈妈，我爱你！"那是她长这么大第一次跟我说"我爱你"！我激动得眼泪扑簌而下，在心底暗暗发誓：以后她犯了错，我都不能心急，听她先把话说完。

听孩子先把话说完，你才不会犯跟我一样的错误。

9. 不是每个孩子都能成为作家

我去大表姐家串门，发现侄子强强正在浏览红袖添香网站，就好奇地问："你在学习别人的写作技巧吗？"

没等强强回答，大表姐抢先回答："是的，我想让他加强这方面的能力，希望他的作文水平提高得快一点。"

大表姐又眉飞色舞地告诉我："强强已经在红袖添香网站上了一部小说，五万多字呢，反响不错。这样坚持下去，说不定将来能成为第二个莫言呢！"

听到这话，我很震惊。要知道，强强还是个十二岁的孩子，他写的作文虽然屡次获奖，但那也只是四五百字的叙事散文，而能写出五万多字的小说，真是不一般。

可强强听了我的一番夸奖后，没有表现出该有的兴奋，而是眉头紧锁。我追问了一下，他才道出了事情的原委。

原来，大表姐有个同事的女儿最近在网上连载了几部小说，引得同事们的一致喝彩。大表姐突然就想，儿子的作文也不错，绝不能输给那个同事的女儿，于是就给他拟好了写作计划，让他无论如何都要努力写

出好的长篇小说来。

在妈妈的软硬兼施下，强强不得不利用课余时间来完成这项宏伟的计划。有时候作业繁多，任务没完成，他便会遭到妈妈的严厉斥责。他原来挺喜欢写作的，但现在压力大，就渐渐地失去了兴趣。

按照强强提供的网址，我点开他的作品，仔细地读了一遍。我发现文章里有很多成人才用的词语，还有很多婚姻生活的描写，文中透露的那种成熟与老练的心态，绝对不是一个十二岁的小男孩该拥有的。

看他的那种语气与腔调，不知道的绝对以为他是一个社会青年。我心想，像他这么大点的孩子，心灵世界应该像天空一样澄澈透明吧。

大表姐的虚荣心让强强很受伤，看着他一副无助的样子，我觉得应该找大表姐谈一谈。我说："中国十几亿人中才出了一个莫言，他写作的成功，是他本人高超的写作技巧加上生活的历练。孩子在什么阶段就该做什么事，强强现在才十二岁，是天真快乐、无忧无虑的少年时代，你不该给他增添这么多的烦恼。"

也许是母子疏于交流，大表姐听我说完后很是惊讶，她这才明白，其实她在强迫孩子做他不喜欢做的事，以此来满足自己的虚荣心。她决定放弃这个计划，让强强随心所欲地写作，快快乐乐地生活。

不是每个孩子都能成为莫言，揠苗助长的教育方式只会害了孩子。为孩子营造轻松愉快的学习氛围，才会让他享受到学习的乐趣，才会激发出他的无限潜能。

10. 别预言孩子"没出息"，多夸夸他

邻居家的孩子明明，原本是个懂事、老实、成绩还算不错的孩子，但他爸爸总是在别人面前说："这孩子呀，成绩不拔尖，我不指望他考上重点中学，能混个普通中学就可以了，他将来肯定没什么出息。"

结果，这孩子果真一点出息也没有，不仅成绩直线下降，还伙同一些社会闲杂人员经常打架斗殴。

明明的行为让他爸爸吓了一跳，气愤地斥责他："你为什么不听话，给我长点面子行不行？"而明明郑重地回答："我是听你的话了啊！你不是说我没出息吗？好啊，我就没出息给你看。"

好在爸爸及时认错，明明后来改正错误，变回了原来的样子。

常在别人面前预言孩子"没出息"，是好多家长喜欢做的事，我的一个朋友也不例外。当我们夸他的孩子平平的时候，他常常以这样的口气回应道："我这孩子，性格怪，又不爱说话，哪有什么值得骄傲的地方，将来肯定没出息。"

说者无心，听者有意。这些话完全被平平听进了耳朵里。

平平是个自尊心极强的孩子，他听了爸爸的话后，发誓要证明自己有出息。他给自己订了计划，五点就起床读书，在各方面严格要求自己——自己不喜欢的兴趣班他也上，不喜欢的书他也读。

看平平变得越来越好，他爸爸兴奋不已，夸自己的激将法用得不错。

一次，朋友正得意扬扬地说起预言孩子"没出息"带来的神奇效果时，平平正好听到了，他黑着一张脸说："我变好不过是想证明我不是没出息，可我学那么多我不想学的东西，并不快乐。"

朋友这才意识到自己的错误。

预言孩子"没出息"，只能有两种后果：一种是，你预言他没出息，他就越没出息，反正是破罐子破摔，完全没一点自信，对学习也不感兴趣。

另一种是，你预言他没出息，他越要证明自己有出息，于是不断地努力上进，一辈子活在"证明"中，丧失了自我，很不快乐。

所以，别预言孩子没出息，而要经常夸奖他，告诉他："宝贝，你这么爱钻研问题，将来一定会成为科学家。"

"孩子，你跳舞跳得真好，又勤奋练习，将来一定能成为舞蹈家。"

"孩子，你的字写得这么棒，将来一定可以当书法家。"

抓住孩子与众不同的优点夸赞他，给他勇气和自信，他才会健康快乐地成长。

11. 帮孩子消除他犯错后的负罪感

大哥家的孩子彬彬，因为下晚自习后经常偷偷翻越学校围墙，两次被老师抓住后，不仅在学校被班主任严厉地批评了，而且还叫了家长过去一起做检讨。

大哥气愤不过，在学校教育处当着很多老师的面，对彬彬就是一顿狠揍。彬彬觉得自己丢尽了面子，怎么劝说也不肯上学了。

彬彬是个聪明的孩子，以优异的成绩考上了一中，算是已经有一只脚迈进大学的门槛儿了，却在这么关键的时刻想放弃学业。真没想到，大哥这一次的暴力教育适得其反，我们都为之感到可惜。

大哥原本对彬彬的期望很大，这下彬彬辍学了，他心急如焚——他又不能替，只能干着急。我当时想：翻围墙、逃课这事我上学时也干过，调皮的大哥更是如家常便饭，为什么自己曾经犯过的错，放在孩子身上就接受不了呢？

我对大哥说："年轻的时候谁都犯过错，你读中学时不也常翻围墙吗？你当着那么多的人打孩子确实不对，你要向他承认错误，再给他讲讲你曾经犯过的错，他不就放下心里的负担去上学了吗？"

大哥认为我说得有道理，但这样做又会让自己颜面扫地，便委托我在彬彬面前说说他的"丑事"。

第二天，彬彬一个人在家里百无聊赖地看着电视。我对他说："彬彬，我跟你说说我小时候犯的错吧。"他来了兴致，便问我曾经犯过什么错。

我说："你知道吗，姑姑读书时也翻过围墙！"

"你还翻过围墙？"他瞪大了眼睛，不可置信地望着我。

我点点头，继续说道："那时，我们要好的四姐妹在晚自习溜出去玩，她们都翻过围墙去了，我故作聪明找了一堵矮墙，结果翻过去后，一只脚踩在石灰坑里，好半天才拔出来。更要命的是，校长当时正站在围墙边不远处，只是夜黑，我们没注意到。我当时洋相出大了，后来在全校师生面前做了检讨。"

彬彬听完，哈哈大笑。我继续对他说："你爸也翻过围墙，有一次被你爷爷打得半死。他还偷偷游泳，偷偷跑出去打桌球。谁年轻时没犯过点错误？翻围墙真的不算什么！如果你因为翻围墙而放弃了学业，可真是太不值了。"

彬彬听了，很不好意思地笑了起来，第二天就上学去了。

女儿写作业马虎，从来不知道检查，还骄傲自满。有一次，我对她说："我跟你讲讲我犯过的错吧。"

女儿瞪大眼睛，不相信似的看着我，问："妈，你也会犯错？"

我告诉她："是呀，我犯的错还不小呢。中考那次，我因为骄傲自满，结果以 0.5 分之差与公费生失之交臂，那是我一辈子也无法忘怀的事。

"其中，有一道英语考题是填写单词，我知道应该填'合适（fit）'，可想了半小时也没想起来。如果考试前我稍稍翻一下书，填上这个词，家里也不会因为我读不成公费生而每年要多交 1500 元。"

女儿听后，做作业开始认真起来了。

跟孩子讲讲你曾经犯过的错，其实并不会损害你的颜面——相反，这会拉近你跟孩子的距离。如果自己就是活生生的"反面教材"，更要让孩子及时地醒悟过来。

美国著名畅销书作家莎朗·德蕾珀曾说："犯错是最好的学习方式。"他还主张跟孩子一起犯错，说这样的教育会更有效。

如果跟孩子讲讲你犯过的同样的错，能让他引以为鉴，那就是正确的教育方法。

12. 给孩子做诚实守信的好榜样

送女儿去上学，她磨磨蹭蹭不肯去，我软硬兼施都不奏效，只好哄她说："我们到了学校，交完作业就回家，这下行了吧？"

女儿听后，高高兴兴地背着书包跟着我上学去了。

我原指望到了学校，她感受到学习的氛围，加上对老师的敬畏，肯定不会再提过分的要求。可当她交完作业，看着我根本没有带她回去的意思，脸色猛地一沉，哇的一声哭了。

老师赶忙过来安慰，好一阵哄劝，她才止住哭泣。我跟老师说："这孩子眼泪浅，很喜欢哭，没办法。"

老师说："孩子哭总是有原因的，你是不是许了她什么？要不她不会哭得这么伤心。"

我想了想，说："来时我对她说过，交完作业就回家。本是一句哄她上学的托词，没想到她却当了真。"

老师笑笑说："怪不得！你说话不算数，她当然不依你了，要知道，你随口许下的每一个诺言，对孩子来说都很重要。"然后，老师好一阵哄劝，女儿这才进了教室。

走在回家的路上，我的脑海里不时浮现出这些天发生的事。记得前不久，看见女儿测验考试刚好及格，我鼓励她说："你要努力读书，要是得了 100 分，我给你买那个会说话的布娃娃。"

可当女儿兴冲冲地举着考了 100 分的试卷给我看的时候，我装作特别冷静地对她说："考一个 100 分算什么，要连续拿 100 分才有用。"

女儿委屈地哭了："你上次答应给我买布娃娃的。"

我赶紧走开了。

那个布娃娃 200 多元呢，女儿第一眼就看上了，可我觉得买一个玩具花 200 多元实在不划算。当时，我也是看她对那娃娃很感兴趣，于是就随口许诺，没想到她却记在了心上。

女儿要不到玩具，跟爸爸投诉，说妈妈是个骗子。老公安慰她说："别哭了，过几天我给你买。"可过了半个月，他的诺言也没有兑现。女儿反复提醒了几次，老公总是推托，她为此失望地哭过好几回。

故事《曾子杀猪》说的是曾子的妻子去赶集，儿子吵着要去，曾妻随口说："你听话，回家杀猪给你吃。"曾妻回家时，看见曾子正在杀猪。她很生气，便问他为什么杀猪。曾子说，对孩子要说到做到，不能说一套做一套。

现在想来，大人常常失信于孩子，是造成孩子不信任自己的重要原因。我们要像曾子一样，对孩子"一诺千金"。

这之后，我对孩子从不轻易许诺，一旦许诺，就会想方设法地兑现。所以，女儿对我的态度大为改观，再也不说我骗人了。

看来，对孩子"一诺千金"才会建立起自己的威信，才会成为他学习的榜样。

13. 常跟孩子"非正式"沟通

蕊蕊在学校里不认真听讲，上课总说话，遭到老师"投诉"后，我把她叫进书房里，跟她郑重其事地沟通了一番。我苦口婆心地说教后，她点点头，说记下了。

可是，没过两天，蕊蕊的毛病又犯了。这下我火了，将全家人叫在一起，给她上了一堂很严肃的"思想课"，每个人轮番对她说教。

我以为我们对她这样重视，效果应该会不错。但我错了，她的老毛病隔三岔五就会犯一次：她根本就把我们的话当耳旁风，真是发愁。

去表姐家做客，刚巧看到我的外甥女冬冬不小心打碎了一只昂贵的花瓶。表姐刚想发火训斥，却忍住了，只是默默地收拾了碎渣。

择菜的时候，表姐冷不防地提起此事，问冬冬："花瓶是怎么打碎的啊？那么贵的花瓶打碎了，我很心疼。"

冬冬不好意思地回答："妈妈，真的很对不起，我刚洗了手去摸花瓶，手很滑，一不小心就打碎了。我以后会注意的，不会再用湿手去拿容易滑落的东西了。"

表姐满意地点点头，不再说什么了。

事后，我问表姐："那么贵的花瓶打碎了多可惜，你不好好教训教训她？"

表姐说："花瓶既然都已经打碎了，责怪也是无用的。你看，我这沟通有效吧？冬冬不仅知道自己犯了错，而且知道自己是因为什么犯的错，这样，她下次就不会犯同样的错了。我们做父母的，不就是希望孩子能吃一堑，长一智吗？"

表姐是学儿童教育心理学的，还带着幼儿园的一个班，能读懂孩子的心。我发现，她教出来的孩子，不仅懂礼貌，而且自信、阳光——不像我家的孩子，动不动就哭。

我说出心里的疑惑，表姐耐心地告诉我："你跟孩子正式地沟通，她会以为自己犯了天大的错，很害怕被惩罚。你声嘶力竭地说教，她的心思肯定都没在这上面，想的是自己会不会受到处罚之类的。因为家长总是以大人的口吻说教，难以跟孩子交朋友，有什么知心话她也不会跟你说。"

的确，女儿有很多事宁愿告诉她奶奶，也不愿告诉我。

意识到自己的错误后，我赶紧改正了。当孩子再犯了错时，我开始尝试"非正式"地跟她沟通：在洗菜的时候，看电视的时候，或者跑步的时候，用委婉的语气将她的错指出来，并提出自己的观点和建议，她便会很容易地接受我的要求，并尝试着去做。

我想，常跟孩子"非正式"沟通，我们才能走进他的心里，才能拥有良好的亲子关系。

14. 再忙也要把孩子的事当大事

蕊蕊所在的幼儿园组织亲子绘本比赛，因为我写的字有些潦草，没有获奖。女儿回家后很生气，说老师表扬我们的绘本画得不错，故事也很精彩，就是字没写好。她哭着说："就是你的字没写好，否则我们可以得奖的。"

这本叫《换爸爸》的绘本，故事是女儿编的，插图是她画的，只是她学的字不多，用文字表达还有些欠缺，所以才让我来写。

起先，蕊蕊跟我说，老师规定，这个绘本需要由孩子和家长一起完成，一个人编故事，一个人绘画。我推说忙，让她自己编。后来，她编好了，口述了三遍我才记下来。

每次女儿催我，我都会说："急啥，我正忙着呢，这件事很重要！"

那天晚上，女儿说明天要交绘本了，我只好临时抱佛脚，几笔就写完了，草草了事。结果当然不好啦，女儿没有拿到想要的名次。

"名次是次要的，重在参与。"我安慰女儿。

"妈妈，你什么时候能把我的事也当成大事？"她问我。

我笑着说："你们小屁孩的事，都是小事。妈妈忙着工作的事，才是大事。"

那几天，女儿一直不开心，什么事都跟我作对，兴趣班也需要我三催四请才会去，叛逆到了极点。我没想到，这件事对她的打击这么大，于是对她说："奖品不就是个绘本吗？我买给你就是了。"

"妈妈，过几天那些得奖作品会全部展出，你去看看吧。听老师说，那些绘本做得可好了。"

果不其然，两天后学校展出了得奖的绘本。我看到的时候大吃一惊，那些绘本制作精美，而且都是打印出来的，与商场里卖的没什么两样。看得出来，大人和孩子都花了不少的心思。我有些汗颜，相比那些家长，我做了什么呢？

我忽略了孩子，只知道忙自己的事，却没用一点心思在她的事上。这之后，我开始把孩子的事当大事——每天的作业，我会认真地给她检查并签字；学校组织活动，我会积极参加。因为相处多了，女儿也跟我亲了起来，再也不是那个叛逆的孩子了。

"妈妈，我们班的六一儿童节会演，我们俩来个亲子对唱，怎么样？"女儿兴奋地问道。她刚一说完，我立马举双手赞成。

孩子的事就是大事，我赶紧关了电脑，找歌去排练了。

15. 快乐远比分数重要得多

嫚嫚拿着考试成绩单回家，慢腾腾地走到我面前，怯怯地低声说："妈妈，这次语文考试我考得很差，只有 70 多分。数学也没考好，没上 90 分。"

我强压住心里的失落，问道："真的？"但还是赶紧摸了摸她的头，亲切地安慰她："这次考得不好没关系，还有下次呢。"

女儿突然扬起手里的成绩单，调皮地说："看清楚哦，语文 99 分，数学 95 分。"

我问她为什么要骗我，她说："妈妈，我只是想看看你到底是喜欢我，还是喜欢分数。现在我知道了，你喜欢我比较多一些。"

我兴奋不已，把她紧紧地拥入怀里，然后陷入了沉思。要是刚刚我表现得很失落，很愤怒，那对她该是多大的打击啊！虽然在她面前，我一直说"分数重要，但你的快乐也很重要，做什么事，尽力了就行"，但心里还是希望她能考高分。

无数次我听她说过，她们班很多同学的家长都给孩子下了死命令，若没考上规定的分数，回家就要挨训，而我从来没有因为分数的事责怪过她。但刚开始得知她考得如此之差，我还是有些惊讶与不满。

女儿从小是个乖孩子，考试成绩一向没让我操心，所以她一直没机

会检验我说的话，这次终于让她逮着个机会，要看看我的"庐山真面目"——看我说的和做的是否真的一样。

我是真的觉得她的快乐比分数重要吗？刚刚自己惊魂未定，也让我有机会反省，又暗暗庆幸，幸亏我表现得不错，否则像其他家长一样，若听到孩子分数低就痛骂一顿，那么女儿一定会失望透顶。

其实，在女儿刚刚步入小学时，我极大地希望她能成为品学兼优的孩子，巴不得她门门功课都拿满分。于是，我每天陪着她默写生字，做各种试卷。但我明显地感觉到，她不快乐，她很反感我强加给她的那些额外作业，到后来开始厌学，不想去上学了。

当代作家、学者周国平说："每次考试前，我都会对女儿说，考咋样就咋样，考砸了也没关系。一次期末考试，她考了年级第一，我批评她说，怎么搞的，考个年级二三十名就可以了，下不为例。她清楚我一向不看重考分，因此她的心态也从容而淡定。"

周国平的大女儿叫妞妞，因为眼癌只活了 562 天。小女儿叫啾啾，现在健康快乐地生活着。也许正是经历了丧女之痛，他才会把分数看轻，才会意识到孩子的快乐比分数重要得多。

是啊，没有什么比孩子的快乐更重要，分数算什么？别指望一定要把孩子培养成天才，先让他健康快乐地成长吧，告诉他：孩子，你的快乐比分数重要。

16. 巧对孩子的得寸进尺

最近，我发现女儿有些得寸进尺了。

看到喜欢的碰碰车，她会对我说："妈，我想坐一次，一次就好。"游戏结束以后，她快快地不肯走，又央求我让她再坐一次。

吃冰激凌，本来她说一天吃两根就够了，结果吃完两根后，又要求再吃两根，不给吃她还会哭。

对于女儿这样的得寸进尺，我常常断然拒绝，结果闹得母女关系很是紧张。

女儿总是这样，先提出一个低的需求，等满足之后，继而提出高的需求。难道在女儿眼里，我是一个很难说话的家长吗？

作为妈妈，我明白自己对孩子的管教在某些方面缺乏正确的引导，以致她不相信我会满足她的正常需求。

为了缓和矛盾，我跟女儿深谈了一次。我对她说出了自己心里的疑惑："为什么你起先总会把要求说得那么低？是刻意压抑着自己，怕妈妈生气吗？"

她小声嗫嚅着，点头称是。

"那你知不知道，你这样不断地加码会让我更加生气呢？我宁愿你一次性就说出自己的需求，让你得到满足。"

"我一次性说出来你会答应吗？"女儿不可置信地反问我。

我反省：女儿这句话，还真有她的道理。自她出生到现在，我一边上班，一边照顾她，含辛茹苦地把她拉扯大，望女成凤的心我也有，我当然希望她是佼佼者，各方面都比别人优异才好。

我对女儿一向要求严厉，从来都是一副板着面孔的"严母"形象，跟她沟通的时间不是太多。可是，女儿偏偏跟我作对，成绩不突出不说，还有一堆坏毛病，做事拖沓、丢三落四，还屡教不改。她的要求，我一向很少满足，她因此怕我不答应也不是没有道理。

找到症结，我适时地修正自己的态度，原谅了她一些无心的小过失，尽量给她一个没有压抑的假期，让她尽情地玩，做自己想做的事。

无论工作多么忙，多么累，我时常将微笑挂在脸上。女儿也愿意跟我谈心了，她偶尔还会跟我说说她的一些小秘密，这是我们母女不曾有过的亲密。

女儿再跟我提要求时，会一次性地说出自己的想法和希望，再也不遮遮掩掩了，我也会乐意去满足她合理的要求。一次性满足之后，她显得很快乐，再不见变本加厉了。

起先，我害怕女儿会提过分的要求，因为在一旦无法实现的情况下，我们的关系又会陷入僵局。后来我发现，一个容易满足的孩子，是非常懂分寸的，不会提过分的要求；一个容易满足的孩子，也会懂得感恩。而且，女儿是真的很快乐，很健康。她常常跟我幸福地感叹：她要努力做一个各方面都不错的好孩子！

一个人如果经常达成所愿，便会心情愉悦，才能跟别人友好合作。

而家庭教育中，父母和孩子是合作伙伴，我们不妨满足他的大多数愿望，在好梦成真的情况下，他会很努力，很快乐。

17. 记住孩子的身份

我们去逛商场，碰到一对母女，女儿在前头哭哭啼啼地走，妈妈在后头絮絮叨叨地数落，大致内容是这样的：她刚给了孩子 5 元买文具，孩子只买了 1 元的橡皮擦，可找的 4 元不见了。

这个妈妈有些气愤，说孩子是个马大哈，什么事都做不好，并搬来女儿的一些陈年"丑事"，一件一件地来证明自己的判断，并断定她将来没出息。

周围的人都用异样的眼光看着这个妈妈。

有一个老人实在看不过去了，对这个妈妈说："她不过是一个孩子呀，你对她这么严格干吗？丢了钱，孩子心里也有委屈，你这般唠叨，她心里更难受。再说了，不就是 4 元的事吗？丢了就丢了，再怎么数落也找不回来。"

这个妈妈说："我现在不严格要求她，这些坏习惯她怎么会改？我都跟她说了一万遍做事要小心了她就是记不住。"

老人说道："说了一万遍都没有奏效，你得考虑一下你的教育方法是不是有问题。作为一个大人，你难道就没有丢过东西吗？"

老人义正词严，说得那个女人无言以对。

我听后，脸色也是一阵红一阵白的。想起几天前，女儿不小心丢了电话手表，我气愤极了，狠狠地数落了她一顿。那天，她躲在房间里写作业，我也知道她心情不好。

家里人都劝我：哪个孩子都会犯错，不必太追究，孩子意识到错误后改正就行了。而我觉得丢手表事小，马大哈毛病事大，一定要严厉惩处。于是，我罚她抄了整本书的生字，并要她写一份检讨。

第二天，我在书桌上看到女儿的道歉信，她说她是真心喜欢那块电话手表，不是故意弄丢的，她希望求得我的原谅。可是，这几天我依然心情不好，经常拿这事数落她。

回家后，我认真地对女儿说："手表的事妈妈原谅你了，但手表丢了，你若想再要一块，在这三个月的时间里你一定要好好表现。"

女儿终于如释重负地笑了。

是啊，我们做大人的，要时刻记住孩子的身份，不要总是揪住他的错不放。孩子就是孩子，无法将事做得那么完美，当他犯了错时，我们不要跟他计较，而要适时地指引他到正确的道路上来。

18. 别按成人的标准来要求孩子

嫚嫚刚上一年级的时候，学习积极性不高，每天早上送她去上学，她看见校门就眼泪汪汪。在学校，她不是丢了文具盒，就是丢了油画棒。回到家做作业，三催四请她还愁眉苦脸，好不容易做完的作业，还有一堆的错误：要么拼音声调标错，要么数字前后左右不分。

想想，这些天来为女儿择校的事我费心费力，她的心态却始终停留在幼儿园状态。盛怒之下，我推了她一把。

也许是从未见过我发这么大的火，嫚嫚嘤嘤地啜泣起来。

刚好母亲打来电话，一番寒暄过后就问到女儿的情况。我一五一十地将嫚嫚的"劣行"讲给母亲听，并且将他们这一代人的性格特点做了总结。末了，我不停地叹气，大有"一代不如一代"、孺子不可教也的感慨。

母亲听我说完，丝毫没有生气，反而笑着说："你像嫚嫚这么大的时候，还不如她呢，一个'2'都不会写，差点把我急哭。送你去学校，得在教室外面陪着，看不见我就开始大喊大叫，冲出教室，跟老师拼了命似的赛跑……"

不是母亲说，我倒真忘了。记忆里，我读书时，学校要求年满七岁才能读一年级，差两个月的我无奈之下成了幼儿园的留级生。但即使如

此，做作业依旧是我的难题。

好在母亲为哄我读书，常常将好吃的、好玩的塞满我的书包，而我拿着这些东西请同学做"枪手"，或是用自己的作业本收买别人的劳动力，有时拿回家的作业本只留了封面和封底，害得母亲好一顿责骂。

那些骗人的小伎俩没能哄住老师，一番苦口婆心教育后见我死不悔改，气急之下让我出去"罚晒"。那时，我经常站在太阳下享受阳光的抚摸，晒得汗流浃背。

可能生性愚钝，读一年级时我还跟不上班，父母忙完一天的农活，还要陪我挑灯夜战。在他们的耐心教导下，小学五年级以后我才开始在学业上崭露头角。

我的记忆里全是后来那种众星捧月的日子，哪里记得先前也是个不折不扣的"傻孩子"。像女儿这么大的时候，我连 b、p、m、f 都不会写，更别说 10 以内的加减法了。

这样一比较，我突然觉得自己冤枉了孩子。我一心想着她要达到我理想的状态，却忽视了在她的成长路上，需要给她一点时间，让她慢慢来。

我递了张纸巾给女儿，安慰她说："错了没关系，改正了还是好孩子。现在我教你，咱们一起慢慢来，从第一题开始。"

女儿破涕为笑，端正地坐着，耐心地准备听我讲解。看到她出奇的安静，我才知道，我想要的效果首先得从改变自我做起。

19. 差使孩子有学问

"嫚嫚，你去煮饭。煮完饭帮我倒杯茶来，对了，茶叶少放点。"老公坐在电脑前，冲正在客厅里玩游戏的女儿说。

嫚嫚听后，有些不服气地说："你自己干吗不去，就知道使唤我。"

老公忙换了语气，开始不停地夸奖她："宝贝最乖了，你煮的饭比爸爸煮的香，你倒的茶爸爸最爱喝。"

小孩子就是好哄，这样的"高帽"一戴，嫚嫚乐颠颠地跑去厨房了。

老公一回家就喜欢差使孩子做这做那，我见了有些生气。等女儿走后，我数落他："你呀，现在很得意吧，有孩子可以使唤了。坐享其成，真的很幸福哦。"

老公反问道："你没看到嫚嫚现在的变化有多大？她原先懒惰，啥也不会做，现在是不是进步了很多？"

"是吗？"我想了想，这阵子在老公的使唤下，女儿确实有了明显的进步，这点我不否认。比如，她会煮饭、煎鸡蛋，自己收拾房间、整理衣物，还会帮着我拖地、擦桌子。

"你想想，这些点点滴滴的进步，是不是我差使孩子的结果？"

我点了点头。老公继续说道："学会使唤孩子也是一门学问。你什么都不让她做，她终究什么都不会做，永远需要你操心，永远长不大。

你要让她去做一些事，这是生存的本能。你知道我们单位老刘的女儿吗？她都读高二了，还不会做饭，只会吃泡面。"

我惊讶了，老刘的女儿长得可俊俏了，没想到这孩子啥也不会做，真是愁。

我开始明白学会使唤孩子，只会让她变得更好，便对老公说："我也加入使唤孩子的队伍，一起享受使唤孩子的快乐吧。"

老公说行，但要掌握一些技巧，比如希望孩子干家务的时候，一定要诚心诚意，让她觉得自己是被需要的，是无可替代的。另外，别在孩子情绪不好的时候提要求，这只会增加她的反感。还有，在孩子玩兴正浓的时候，或是认真做作业、看书的时候，不要打断她。

了解了这些，我才知道，以前我使唤不动女儿原来都是因为没找对方法。

自那以后，我也开始兴致勃勃地使唤女儿了，准备了一堆好话，然后指使她端茶倒水、拿拖鞋、给手机充电，还让她学着给老人捶背、洗脚，她越来越能干了。

女儿原先是个饭来张口、衣来伸手的孩子，而且不懂心疼人。现在，当我们学会使唤她后，她会主动做些力所能及的事，偶尔还会给我们带来一些小惊喜、小感动。

女儿因为付出而感到了快乐，我们也享受到了养孩子的幸福。

20. 让孩子轻松享受读书的快乐

蕊蕊上小学二年级了，写日记特别吃力，我给她报了辅导班也收效甚微。我在家长群里看到有的家长说，她家的孩子每天早上六点钟起床看课外书，阅读能力提升得很快。

我看了有点激动，决定让蕊蕊也学习别人的经验，六点起床读书。

蕊蕊不爱读书，又喜欢赖床，要让她提前半小时起床，不是一件容易的事。我郑重地对她说："以后六点钟起来读书，不起来就打屁股。"

她惊讶极了，不满地说："那么早，我还没睡够呢。"

我启发她："一年之计在于春，一日之计在于什么？"

她马上答道："在于晨。"

我继续诱导她："你知道'一日之计在于晨'的意思吗？"

蕊蕊摇了摇头。我便跟她解释：早晨特别珍贵，好好利用起来就会事半功倍。经过一番苦口婆心地劝导之后，她终于同意提前半小时起床。但是，六点的闹钟一响，蕊蕊依然赖在被窝里一动不动。

我只好强迫她起来穿衣服，一连几天都是我拉她起床，她才心不甘情不愿地起来看课外书。这样，每次都是我逼她，她感到厌烦了，我也觉得不妥。

不久，我又听一个家长说，她家的孩子每个周末都去图书馆读书，

对学习很有用。我一听，又来了精神，对蕊蕊说："以后周末我们要在图书馆度过，取消看电影等活动。"

蕊蕊噘着嘴，不说话。

周末一大早，我带蕊蕊去图书馆看书，她一会儿翻翻这本，一会儿翻翻那本，心思全不在书上。我指责她态度不认真，跟她讲古人刻苦读书的典故，但说了很多依然不奏效。

那天，我看到一则新闻，说林志颖信心满满地带着他的儿子Kimmy参加国外的一个儿童读书活动，每天他都鼓励Kimmy多读书。Kimmy也很争气，但成绩遥遥领先的他最终被法国图书馆婉言劝退了。

举办方的理由是："读书不是比赛，没有功利性。他退出了，别的孩子就没有了忧虑感，才会用心去感受读书的快乐。"

林志颖原本有点不解，但听完工作人员的话，不由得连连点头，他意识到了自己的观念是错误的。

看到这条新闻，我开始反思自己，不再逼迫孩子读书。早上，我让蕊蕊安心地睡，周末让她尽情地玩。因为，我逼她阅读，只会让她产生逆反心理——虽然逼迫孩子能收到一些效果，但这不是我想要的结果。

昨天晚上，女儿的房间里突然传来哈哈大笑的声音，我悄悄地推门进去，看见她拿着一本童话书看得津津有味。见我进来，她兴奋极了，马上跟我复述里面的内容，并把书拿给我看。

她什么时候爱上看书了呢？我又好奇又惊喜，原先我总是逼迫她看书，结果收效甚微，可只要她发现了阅读的乐趣，享受到了阅读的快乐，爱上阅读就是分分钟的事。

不要逼迫孩子去看书，他感兴趣时自然会看的——阅读让他感到快乐，他才会真的快乐。逼迫孩子去读书，只会让读书成为他的负担，更严重的后果是，那会让他产生厌学情绪。

读书就是放松，就是享受，孩子喜欢读书仅仅是因为快乐，就这么简单。

21. 别让孩子成为分数的奴隶

半夜里，我被蕊蕊的梦话惊醒，她小声地啜泣道："这次，数学我一定要考95分以上。要不，爸爸会把我关在门外的。"

每门功课考95分以上，是老公对女儿的要求，但她的数学基础差，考95分有难度。只是，把女儿关在门外是老公跟我聊天时开玩笑说的，哪知她听到了，并且当了真。

我轻轻地拍着蕊蕊的背，安抚她睡去后，自己却失眠了。说实话，对于分数，老公的希望要比我强烈一些，他曾许诺，只要女儿每门功课的成绩达到95分以上，就可以随便挑选一件礼物；如果达到98分以上，就可以带她旅游一次。

每次考试，女儿都认真对待了，但她天分不高，虽然尽力去做了，成绩并不拔尖。

第二天起床后，我跟老公说起女儿的梦话，他笑着说："不错呀，

她还知道着急，看来我说的话她还是听进去了。"

这个月的单元测试考完，女儿的试卷发下来了，数学是95分。我很高兴，给了她一个大大的拥抱，还奖给她一个玩具，她开心极了。但我在检查试卷的时候，发现明明扣了8分，应该是92分才对，怎么会是95分呢？

我疑惑极了，仔细看那分数，才发现了"猫腻"。原来，分数是被女儿改过的，她把"2"改成了"5"——成绩不好，还欺骗家长。

我气极了，把蕊蕊从书房扯出来，对她劈头盖脸就是一番痛骂。女儿委屈地说："你们不是特别想看到我得95分以上吗？如果不是你们这么想让我得高分，我哪里会费尽心思地改分数啊？"

女儿的话让我幡然醒悟，如果不是我们曾经强调过分数的重要，她不会成为分数的奴隶，也不会用这种方式来欺骗我们。

我向女儿诚挚地道了歉，她也意识到改分数这种行为是极其不正确的，并且对我保证："以后我会好好学习。"

一直以来，我们都关心孩子的分数，却从未想过她是不是背负着太大的压力——别看她小，有些事唠叨多了，她自然而然地就会有思想负担。

我和老公意识到这个问题后，决定不再强化分数的重要性。女儿每次考完试，我们不再主动问她分数，而是让她自觉地告诉我们。虽然我们不再强化分数的重要性，但还是看到了她的进步。

久而久之，女儿也快乐了起来，不再是分数的奴隶了。

22. 让亮色点亮孩子的心灵

天气渐渐地转凉了，我想给女儿买件羽绒服，挑来挑去，最后在某品牌店看上今年新推出的一款黑色童装。我让女儿穿上试了试，大小正合适。

我看了看标价，428元。现如今，小孩子的衣服比大人的还贵，但为了女儿穿得暖和一些，我咬了咬牙，付了钱。

我拿了那件黑色羽绒服往外走，女儿却踌躇不前。我没好气地问她："这么贵的衣服我自己都舍不得买，给你买了，你还不满意？"

"不是，不是！"女儿小声为自己辩解。

"那你为什么不肯走？"我很是好奇。

"妈，我想换个颜色，换那件黄色的好不好？我不喜欢黑色的。"顺着她手指的方向，我看到同一款式的黄色羽绒服。

黄色给人的第一感觉确实阳光温馨，但脏了不好洗啊。我斩钉截铁地对她说："不换了，黄色的穿一天就脏了，你以为你很爱干净啊？还是黑色的好，耐脏。"

因为女儿喜欢到处玩，一整天像个泥猴似的，所以我为了防止洗衣服的麻烦，喜欢给她买一些颜色较深的衣服。这样的话，衣服可以多穿几天，而且洗起来也容易些，有些污渍就算洗不掉也不容易看出来。

看着我"铁石心肠"不肯换，女儿委屈得差点流泪了。

"为什么要换呢？"我只好耐着性子问。

女儿擦了擦眼泪，对我说："因为我喜欢亮丽的颜色。妈妈给我买的衣服都是黑黑的、灰灰的，我都不喜欢。其他小朋友都穿红色的、黄色的、白色的衣服，比我穿的漂亮多了。"

我的心突然一颤，别看孩子小，可也有喜好，我只想到自己方便，却没想到女儿的感受。我找服务员换了那件黄色的羽绒服，女儿高高兴兴地哼着小曲，一路小跑着回家了。

后来，我跟一个做心理医生的朋友无意中说起这事，她对我说："孩子穿亮色的衣服，心理暗示会更阳光、更快乐。所以呢，在孩子的童年尽量要给她穿亮色的衣服。"

自那以后，我就给女儿买亮色的衣服穿——尽管不都是品牌，但只要女儿喜欢，穿起来显得阳光快乐，即使自己洗衣服的次数多了，我也觉得值。

衣贵洁，不贵华。看来，给孩子选衣服，品牌并不重要。听听孩子的心声，选他喜欢的颜色，然后每天让他光鲜亮丽地去上学，比什么都重要。

让亮色装点孩子的心灵天空，他才会拥有阳光般的笑容。

23. 让孩子多食点人间烟火

那年暑假前，我正在厨房里忙活，蕊蕊突然跑到我跟前，举着一本图画书问道："妈妈，你看，这书上画的是什么啊？"

我告诉她："这个形状的是南瓜，那个形状的是西红柿。"

蕊蕊继续问："南瓜是什么颜色的？它小时候长什么样啊？是结在树上的吗？"

女儿的问题让我犯难了，怎么跟她说呢？于是，我绘声绘色地给她描述了一番，但她还是疑惑地摇摇头，又似懂非懂地点点头。

我不禁感慨，现在的孩子生活在城市里，美丽的大自然景色只能从书本上看到，这恐怕会让他们患上"自然缺失症"。我当即决定，暑假的时候带女儿去乡下看看。

到了乡下，蕊蕊很好奇。看到还未成熟的西红柿，她便问我："妈妈，这是什么？"

我说："这是西红柿。"她撇了撇嘴，说："你那天告诉我西红柿是红色的，你弄错了吧？"

我呵呵笑起来，说："这是还没成熟的西红柿，因而是青色的，等过一段时间它就变成红色的了。"

一天，我带蕊蕊去邻村走亲戚。她蹦蹦跳跳地在前面走，突然，哗

的一声，吓得她赶紧跑过来，边跑边喊："妈妈，有怪物叫了！我们赶快回去！"

我笑着告诉她："那不是怪物，是一头水牛。水牛是农民伯伯的好帮手，不要怕，我带你去看看。"

蕊蕊紧紧地拉着我的手。走到前面一看，原来是一头水牛在田地里吃草。

"妈妈，这头牛产牛奶吗？"蕊蕊好奇地问我。

我告诉她："奶牛才产牛奶。这是水牛，它可以耕田。"这时，牛叫了一声，她也跟着学了一声。

乡下的每一个地方都是好教材。

看到农民伯伯汗流浃背地在农田里忙活，我给女儿讲《悯农》的古诗，她因此知道了每一粒粮食都来之不易，看到掉在桌上的饭粒，再也不拨在地上，而是会塞进嘴里。

听到蛙鸣如鼓，女儿自此知道青蛙不仅是益虫，而且是天生的"歌唱家"。

乡下空气清新，大人勤劳朴实，小孩热情好客，女儿改变了以往对农村的拒绝态度，嚷嚷着以后要常来看看。

读万卷书，不如行万里路。带孩子游览祖国大好河山的同时，也带他去乡下走走，让他从小就多食点"人间烟火"，接接地气，对他的健康成长大有好处。

第三辑

当孩子遇到麻烦事，尽量让他自己试着去解决

柏拉图有一句名言："对一个小孩子最残酷的待遇，就是让他'心想事成'。"所以，做家长的疼爱孩子，常常对他有求必应，让他心想事成，其实会害了他。

1. 孩子有了主动权才会更快乐

有一阵子，蕊蕊沉迷于电脑游戏《快乐农场》，每天都要玩上一个小时才罢休。我知道她这样沉迷于网络游戏，一是对她的视力不好，二是会影响她的正常作息，便三令五申地禁止她玩，而且将电脑游戏统统删除了。

但是，没多久我就发现，游戏原封不动地又出现在电脑桌面上，貌似要跟我较劲似的，她还多下了好几个新游戏。经过这样的恶性循环之后，女儿的游戏瘾越来越大了。

那天，趁女儿心情不错，我对她说："宝贝，这阵子你沉迷于游戏，你想想，你原来做的有意义的事，是不是好久都没有做了？"

女儿没作声。我继续启发道："你原来不是最喜欢画画、跳绳的吗？每天一写完作业就做那些，妈妈很喜欢那样的你。"

我找出她曾经最得意的画作给她看，夸赞道："这些画是不是画得很逼真？老师都夸你有画画的天赋呢。"

我的夸赞起了作用，女儿微笑着问道："妈妈，我也觉得自己画的画很漂亮，可我就是总想玩游戏，怎么办呢？"

看来，她也真心想改掉这个毛病。我便对她说："玩不玩游戏，我把决定权交给你。你如果想继续玩下去，也不画画了，你的成绩就会下滑。你如果想实现当画家的愿望，就不要玩游戏，专心学习。你要想管住自己，得下狠心。"

她点了点头，说："妈妈，我要把游戏全部删掉，以后你监督我。"接着，她毫不迟疑地删掉了全部的游戏。我立马称赞道："好棒，真是个有主见的孩子。"

我把画纸、童书摆在家里最显眼的位置，女儿渐渐地找回了画画和读书的乐趣，再也不玩游戏了。

一星期后，她就把游戏抛到了脑后。

表姐家的孩子冬冬，是个不折不扣的"游戏迷"。那天，表姐带冬冬来我家玩，一进门她就找我要平板电脑玩。而在看到电脑里没游戏后，她一下子安装了好几个游戏软件。

女儿感到好奇，坐在冬冬旁边看她玩。表姐在，我不好意思发作，再说人家也没有任何不满的表示，我也只好任由她俩玩了大半天。

第二天一大早起床后，女儿就在平板电脑上研究那些游戏了，喊她吃饭她都不怎么搭理我。我知道，孩子好奇心重，这些新游戏她刚接触，她肯定会玩到会玩为止。于是，我认真地对她说："宝贝，我决定给你一点时间玩游戏！"

听我这么说，她马上兴奋了起来："妈妈，你说的是真的吗？"我对她说："我话还没说完呢，我的意思是，给你三天时间去学会这些游戏，三天后你说怎么办？"

女儿立马答道："删除呗。玩游戏会上瘾的，耽误学习。"

三天里，女儿玩得乐不思蜀，即使她晚点吃饭，我也不批评她。第

四天早上，她当着我的面删除了那些游戏，并问我："妈妈，我是个说话算数的好孩子吧？"

我摸着她的头，认真地表扬道："不错，你真是一个有自制力的好孩子。"

那晚临睡前，女儿对我说："妈妈，我跟你说个事，自从我删掉那些游戏后，我觉得睡觉都更香了。"

我问她怎么回事，她得意地告诉我："原来呀，我躺在床上总是想着那些游戏，还有哪些东西没有播种，还有什么东西没有收割，脑子里乱乱的，总是睡不好。"

我笑了起来，满意地说："你删除了游戏，效果还是不错吧？你看看，成绩提高了，而且睡眠质量也提高了，是不是一举两得呢？"

"哪里是一举两得，明明是一举四得！"

"还有哪两得？"

她眉飞色舞地说："还有，我的视力好了呀。我们班有好几个同学因为玩游戏而近视了，戴着近视眼镜。还有，省电费了呀，电脑也要耗电的！"

"嗯，不错！"我有点乐不可支。

把游戏的决定权还给孩子，让他自己做决定——这样他才会认真地遵守规则，而这样的教育方法比直接勒令禁止孩子玩游戏的效果要好得多。

2. 别触碰孩子的底线

嫚嫚有一个坏毛病，那就是走路不注意姿势，常常八字脚。对此，我深恶痛绝，每次见了都要苦口婆心地说教一番，可她总是把我的话当耳旁风，从来没想过去改正。

有一次，见她八字脚走路，趁她不注意，我踩了她一脚。她也不反感，乐呵呵地跑开了。是的，脚长在她身上，我没办法代替她走。

那天逛完街，我和邻家母女一同走路回家，看着她家的孩子走路姿势美极了，而女儿不仅八字脚，背还弓起了，我气不打一处来，在街上就开始数落女儿："你看人家走路规规矩矩的，再看看你：我都跟你说一万遍了，这八字脚要多难看有多难看，跟螃蟹有什么区别？你为什么不学点好呢？"

她拉着脸，不说话。我又是好一顿数落："好话歹话跟你说了一箩筐，你就是不听。你这个样子，一点形象也不顾，将来怎么办？"

女儿眼泪汪汪的，大声说："我爱怎样就怎样，将来的事我自己会负责。"她气冲冲地走在前面，故意把双脚张得更开了。

我从没见过她发这么大的脾气，原来我怎么说她，她也不会顶嘴的。我有些急了，便追了上去，问她怎么回事，她哽咽着回答："平时你数落我，我可以接受，可你当着别人的面数落我，把我说得一无是处，

我心里很不好受——你不知道我也有自尊呀。人家的姑娘这也好那也好，你就让她当你女儿好了。"

我这才意识到，原来我触碰了女儿的底线——她也是极其爱面子的一个人，我没有考虑到她的感受，伤了她的心。

我赶忙向她承认错误，并且跟她保证：以后再也不打击她了——特别是当着外人的面，我不会再数落她了。这个八字脚的毛病，我也不会再提了，反正我唠叨了一万遍，她要改的话早就改了。

这之后，我不再触碰孩子的底线，当着外人的面批评她了，有什么事也会跟她商量，我们紧张的关系逐渐缓和了。

那天晚上，女儿放下手里正在读的一本书，兴冲冲地对我说："妈妈，我在这本书上看到说踢毽子能矫正八字脚，你帮我买一个毽子，教我踢好不好？"

我惊讶地望着她，她怕我不信，将书递到我眼前，指给我看。

我轻轻地问："怎么了，自己意识到八字脚不好了？"她不好意思地笑了起来，认真地说："妈妈，这八字脚真的很难看，我想改正过来。你监督我，我们一起努力好不好？"

看她自己主动要求改正了，我有些意外，也很欣喜——踢毽子是小时候我最拿手的游戏，当她的老师我绰绰有余。

女儿自从爱上踢毽子后，八字脚矫正了不少，她开心，我更开心。我也渐渐地明白，孩子的一些坏习惯，做家长的只要提示就行了，最终还得由她自己来改正——也只有她自己意识到了，并且下决心去改正，才会有成效。

别触碰孩子的底线，他也有自尊心，要好好跟他沟通。

3. 不干涉孩子的朋友圈

嫚嫚上小学四年级时，为了锻炼她的独立性，我便让她放学后自己坐公交车回家。但下车后还有很长的一段路需要步行，我有些担心，便给她配了部手机，方便彼此联络。

手机虽然是二手的，但女儿一点都不嫌弃，第一天她就掌握了它的全部功能，还让我帮她申请了微信号。为了了解她的动态，我加了她为好友。

有了手机就方便多了，她回来时会提前给我打电话，也省了我接送她的麻烦。但我发现，她特别爱刷朋友圈——她的作文受到老师表扬了，她会配图发朋友圈，就是买一支冰激凌，她都会配图发朋友圈。

有时候我会点赞，有时候会评论两句。

有一次，我看到她发了一组照片，说那些人都是她的好朋友。我看到楼上的小强也在其中，便不由得怒火中烧。

小强调皮捣蛋出了名，成绩也是出奇的差，我好几次跟女儿提醒要远离他，可她嘴上说好，背地里却依然把他当成好朋友。于是，有一次我在她的朋友圈评论道："近朱者赤，近墨者黑，我希望你近朱多一些，近墨少一些。"

女儿很快就删除了这条评论，还特意给我发了一个愤怒的表情，然后对我说："不要指责我的好朋友，他们都帮过我。"

没想到我的好意遭到了她的反驳，我也很委屈，便说："我这都是为了你好——跟优秀的人交朋友，你才会变得更加优秀。"

女儿不再说话了，我以为她认同了我的观点。没过几天，她又在群里发了小强奔跑的照片，还配了一张图，说："你好棒，友谊地久天长。"

我在下面评论："还地久天长呢，你了解什么叫地久天长吗？"然后我等待着女儿的回应，结果她居然将我拉黑了。

一时间，我们的关系疏远了，她对我爱搭不理的。我向儿童心理专家的表姐求教，她说："她有交朋友的自由，你不要干涉她，更不能随意评论她的朋友——过分干涉会让她产生逆反心理。"

确实，当时看到她的朋友圈我若是会心一笑，也就没有后来的烦心事了。

于是，我向女儿保证，无论她在朋友圈发什么，我都只关注，不评论。她这才同意再次加我为好友。后来，她还是喜欢发朋友圈，但我从不发表任何评论。

我和女儿的关系逐渐好了起来，我也逐渐了解了她的心理，知道她喜欢什么，不喜欢什么，教育起来也就更加得心应手了。

孩子开通了朋友圈，我们做家长的都想知道他做了什么事，交了什么朋友，有没有什么不好的苗头，这是人之常情。

其实，我们对孩子的朋友圈不必干预，因为干预他的朋友圈会让他产生逆反心理——我们只要看着他健康快乐地成长就好了。

4. 别把孩子当成"橡皮泥"

周末，我打算带蕊蕊出去逛街，她非要穿那件红色的旧毛衣。我想让她穿那套新买的黑裙，她却因为不喜欢裙子的颜色，无论我怎么软硬兼施都不肯穿。

那天早上，我们因为这事僵持了半小时，心情都不好。我很生气，铁青着脸，不跟她说话。她似乎也很委屈，眼泪汪汪的。最终，她拗不过我，还是穿着那套黑裙出门了。

逛完街回到家，女儿忘了不快，拿出新买的橡皮泥，玩得不亦乐乎。一个多小时后，桌子上就摆满了五颜六色的"小动物"。我仔细一看，发现女儿捏的小动物都是错的：大象的鼻子很短，兔子的尾巴倒挺长，老虎居然只有一只耳朵，狗只有三条腿……它们像在参加一场残疾动物运动会。

我看在眼里，急在心上，一边数落她缺乏常识，一边捏了些尾巴、耳朵准备给它们安上。女儿却护着它们，不让我帮忙，她说这只老虎是《两只老虎》歌里的老虎；这三条腿的狗为了保护自己的孩子，结果一条腿被打断了。

总之，在女儿看来，每一只动物都有故事。听她说得头头是道，我也只好按压住心里的不满。

晚上，女儿在书房做作业，我发现她先做了语文，数学倒是没动，就提醒她："做作业先做数学会更好。"我的想法是：刚开始做作业，她肯定精力集中，思维也敏捷，所以做数学题就不容易错。语文是抄抄写写的作业，基本不用动脑筋的，放到后面做也没事。

谁知她却把我的话当耳旁风，来了个大逆转。我斥责她："跟你说了无数遍，你为什么就不听呢？先做数学，再做语文。"

她不服气地嚷嚷："我就喜欢先做语文。"争辩之下，她的眼泪就出来了，但还是坚持先做语文。她边做作业边哭，做完语文才做了数学。

她拿着作业本找我签字的时候，我本想找出数学作业的错题借题发挥，以此来说明我传授给她的经验是正确的。没想到，我竟然没找出一道错题，倒是看见语文作业本上泪痕斑斑，于是心生惭愧。

跟朋友聊天，诉说这些琐事，她一针见血地说："孩子有自己的个性和想法，她们又不是你的橡皮泥，你想捏成啥样就是啥样。我看，你不开心都是自己闹的——她想穿红毛衣就让她穿呗，橡皮泥想捏成啥样就啥样呗，想先做语文就做呗。

"你也看到了，对她来说，先做语文和先做数学没什么两样。既然你俩争辩的结果最后都是你妥协，她又没有犯原则性错误，你何不顺着她？这样的话，你开心她也开心。"

朋友的一番话让我一下子豁然开朗了。是啊，女儿不是我的橡皮泥，我不能按照自己的思维模式把她塑造成第二个我。

孩子拥有独立的思维与性格，对做家长的来说，该是一件多么庆幸的事。

别把孩子当成你的"橡皮泥"，而要让他自己去体验生活，在这样的教育方式下成长起来的孩子，才会拥有健全的人格，才会在以后的生活中活出自我的风采。

5. 尊重孩子，就从尊重他的友谊开始

蕊蕊放学回家，从书包里掏出十多粒白色的小珠子给我，让我给她串一条项链。我一看，这哪能串项链，串手链都不够。我正在忙着码字，于是对她说："放那儿吧，等会儿我忙完了就帮你串。"

做完了工作，吃晚饭时，女儿提醒我："妈妈，你还没给我串项链呢。"

我随口说："我记得。"

我实在好奇，便问女儿从哪里找来的珠子，她眉飞色舞地说，是一个叫金穗子的女同学给她的。她跟我描述，她俩是同桌，可要好啦，下了课两人经常做"石头剪刀布"的游戏。

其间，我嗯嗯地附和着。我知道那个叫金穗子的女孩子，听说她爸妈离婚了，现在由捡废品的奶奶带着，她长得高高大大的，总是挂着两条鼻涕。说真的，我不是很喜欢她。

好几次，我旁敲侧击地对女儿说："交朋友的好坏会影响到你，尽量找优秀的同学做朋友吧。"

可能是她没听懂我的话，继续跟金穗子打得火热。

女儿已经睡了。洗漱完毕，拖着疲倦的身体上床后，我才想到答应孩子的事还没做呢，于是起来找尼龙绳。我左找右找都没找见，心想，不就是一条项链吗？明天我给她一条自己的就好了。

这样想着，我便倒头睡了。

第二天清早，我在睡梦中被女儿摇醒，正惊奇一向赖床的她怎么起来得这么早，只见她伸出手来，对我说："妈妈，我的项链呢？"

我说："没找到尼龙绳，还没给你串呢。要不，你到我的首饰盒里挑一款吧？"

女儿撇撇嘴，一副马上就要哭的样子。

我赶紧爬起来，翻出一条曾被她称赞过的项链，讨好地戴在她的脖子上。她却极不情愿，开始抽抽搭搭起来。她一边哭，一边说，那是她最好的朋友送给她的，今天她一定要戴着去让金穗子亲眼看看。

我无论怎么解释都不管用，她就是不听。这时，老公说："你的尼龙绳不是在床头柜里吗？上次我见你放里面了，你现在给她串上就是了，又花不了几分钟。"

我于是找出尼龙绳串珠子，但发现珠子不够，我想加几粒我的珠子，可女儿坚决不同意。就这样，五分钟过后，女儿的手腕上就多了一条像模像样的手链，虽然它有一截是空线，但她很高兴，说："手链真漂亮，金穗子看到一定很开心。"

女儿高高兴兴地背着书包下楼了。

我觉得孩子比我们大人做得要好，因为他们不会戴着有色眼镜去看人，不会为了利益交朋友——他们的友谊纯洁、透明，别看他们小，他们对待友谊的态度值得我们大人学习。

尊重孩子，那就从尊重他的友谊开始吧！让他做一个有爱心的人，一个快乐的人。

6. 学会让孩子"二选一"

那天，我为了给女儿报班跟她起了争执，不知如何是好。朋友向我传授经验，她说遇到这种情况，她常会让孩子"二选一"，这样就能轻松地搞定孩子。

我一时不得其解，经朋友解释才明白：原来，这个"二选一"，一个选项是自己想让孩子做的事；一个选项是孩子在他的能力范围内无法完成的，或是他最讨厌的事。

孩子不是傻瓜，当然会选自己会做的或能接受的事，因为是自己选择的，他会心甘情愿地去完成。

在报跳舞班这件事上，我跟女儿起初没有达成统一的意见，因为她不爱运动。尽管后来她参加了两期，老师也说她有跳舞的资质，但她还是要放弃。

为了让女儿学跳舞，我不仅带她去观摩培训班的课程，还在电脑上

下载了很多舞蹈视频给她看，但她还是对舞蹈喜欢不起来。

我决定用朋友的方法试一试，就对女儿说："宝贝，妈跟你商量个事，新学期你想学跳舞呢，还是跆拳道？"因为跆拳道是她最讨厌的功课，所以我把它作为了选项之一。

女儿想了想，问我："一定要选吗？"

我说："对，一定要选，你总得学一样呀。"

女儿想了想，说："那行，我就学跳舞吧！"后来，她告诉我，她之所以选择跳舞，一方面是惊讶于我的态度平和——我没有用强硬的语气逼她；另一方面是跳舞和跆拳道两相比较，她还是喜欢跳舞多一些。

女儿乖巧地去学跳舞了，每次学完新的舞蹈后，她会第一时间表演给我看。我适时地给予她物质奖励，她学跳舞的兴趣越来越浓了。

但是，这个问题迎刃而解后，我又碰到了难题。那一次暑假，我想带女儿到乡下外婆家看看，我觉得最少得住上十天半个月，而她决定住三天就回来。僵持不下之时，我便想到了"二选一"的办法。

我对女儿说："既然放假时间这么长，我们到外婆家后整个月都不回了，好不好？"

女儿很惊讶，因为原来我一直强调待十天就回来，没想到突然改口说要住一个月。她马上提醒我："你上次不是说住十天就回家的吗？十天够了！爸在家会想我们的，还有爷爷奶奶，他们肯定会想死我们的！"

在女儿的游说下，我装作极不情愿的样子答应了她。

让女儿"二选一"的方法屡试不爽后，我和她的矛盾少了。之后，我更加注重与她之间的亲子交流，我们的感情越来越好，她很少再让我担忧了。

7. 巧对孩子爱显摆

蕊蕊过生日，表姐送给她一款很漂亮的"美羊羊"文具套装。不过，我很快发现，套装里的文具不断地"消失"了。

我问女儿怎么回事，她说："我带到学校去了呀，我有这么漂亮的文具，我让同学都看了看，她们都夸好看呢。"她一直爱臭美，喜欢"美羊羊"，我不觉得是件坏事，便没放在心上。

过了几天，女儿参加围棋过级比赛后，老师发了一块儿童手表做纪念。女儿对手表爱不释手，第二天上学的时候，她兴奋地戴着去学校了。当天，接女儿放学的时候，老师叫住我，问："她的手表是奖的吧？是不是只有她一个人才有？"

我如实地回答："没有呀，去参加比赛的小朋友都有。"

老师做了一个惊讶的表情。那一刻，我才觉得女儿爱显摆，并且总是夸大事实，这已经成大问题了。

回家后，听闻女儿这么爱显摆，老公问她："明天你把新买的点读机背到学校去如何？"她高兴地说："可以呀，只是我的书包装不下，要怎么拿呢？"

老公扑哧一笑，摇了摇头。我跟女儿打趣道："把你爸爸拿到学校显摆一下吧，你爸又白又胖，人家肯定没有这样的爸爸。"

女儿乐了："可我拿不去呀，爸爸又不上学。"

正说着，邻居带着孩子来我家串门。女儿赶紧拿出新买的点读机炫耀起来："你看，这是我妈给我买的，漂亮吧？它可以听歌，还可以学习，你没有吧？"邻居家境一般，为此很是难堪。

送走邻居后，我给女儿讲了一个故事，内容如下：两只大雁和一只青蛙生活在一起。有一天，它们的生活环境被污染了，要一起搬家。可是，青蛙没有翅膀，不会飞。于是，青蛙想出一个办法，让两只大雁各咬住一根小棍子的一头，它咬住中间，让大雁带着它一起飞。

大雁和青蛙一路上经过很多村庄，人们抬头看见它们，都夸大雁聪明，能想出这么好的办法带着青蛙在天上飞。青蛙听了，心里很不是滋味，忍不住张口说："这办法是我想出来的。"结果，青蛙从天上掉下来摔死了。为什么呢？就是因为青蛙不谦虚，爱炫耀。

借这个故事，我告诉女儿："做人要谦虚，不能太张扬。你看你，每天只想跟人显摆你拥有的新玩具、新文具，其实你要把它们拿出来跟人分享，那样才会让人喜欢。爱显摆的小朋友，到时会没有朋友的。"

女儿听后，很认真地点了点头。

这之后，我还给她讲了很多中外名人谦虚做人的故事。我也发现，孩子爱显摆的毛病改了不少，懂得跟人分享了。

8. 不要经常扮演孩子的"监工"

表姐来我家串门，看到蕊蕊在认真地写作业，不由得称赞道："蕊蕊真乖，才上小学二年级就不要家长陪同写作业了。不像冬冬，她呀，每天不守着她就不写作业，头疼死我了。"

冬冬今年马上就要小升初了，我知道她是个懂事、礼貌、爱干净的好孩子，但不知道有家长陪写作业这回事。

"这么大了还要陪写作业，你是不是太闲了？"我跟表姐打趣道。

"我哪里闲啊，一天忙到晚，回到家两腿都发软。可是，做完家务还要做'监工'——我不监督冬冬，她就不做功课。从她上小学一年级起，每天晚上我都陪着她写作业，从来没在十点前睡过——这些年我是累坏了。"

我明白了，冬冬要父母陪写作业的坏习惯，其实就是表姐做"监工"给惯出来的：家长长期的监督让孩子没了学习的主动性，她知道反正做作业有家长提醒，不监督她就不做。长此以往，她就把做作业当成完成任务，也对家长产生了依赖。

蕊蕊刚读书时，我也做了一段时间的"监工"，每天帮她抄作业题，陪写作业。两个月后，每天我问她有哪些作业，她一问三不知。而且，

她做作业必须得我陪着，我不在她身边，她就知道玩。

她完全把作业当成负担，尽管我无数次地当着她的面强调："你是为自己学习，不是为我。"看她听后极不情愿的样子，我这才明白，每次她回来后我跟她说的第一句话就是"作业做了没？"，或者"快点去写作业！"——其实，这样的"监督"害了她。

这之后，我也不管她的作业了，每天她回来该干吗干吗。偶尔，我会抽查一下她的作业，帮她辅导一下。有时候，她漏掉了作业题，被老师批评后会很不高兴。渐渐地，她开始认认真真地做作业了，回到家就拿出作业本写起来。

不做孩子的"监工"，我在自己轻松的同时，还提高了孩子的主动性。所以呢，不要扮演孩子的"监工"，而要让他自己承担责任，主动去完成学习任务。这样，他才能够成长为独立自主、有责任心的孩子。

9. 我和女儿玩"穿越"

嫚嫚看了穿越剧后，有一天嬉皮笑脸地对我说："老妈，我想穿越到清朝，跟皇上一起拍电影。"

我问："你是想演皇后还是丫鬟？"

"答案当然是皇后啊，集三千宠爱于一身。"

我心想，目标还不小呢。

女儿接下来的问话，着实把我吓得不轻："老妈，怎么才能穿越呢？遭到雷击、车祸而导致昏迷，是不是就有可能穿越了？"

这可如何是好？冷处理是绝对不行的，于是我很认真地问她："你为什么会有这种想法呢？"女儿回答："穿越到那个时代，我就没有学习的压力了，多好啊。"

原来，她是想逃避学习。

听女儿的班主任讲，这段时间，她对穿越剧真的中毒不浅呢，不仅在作文中大闹"穿越"，而且经常在背地里给同学取"皇上""皇后""皇太后"的绰号，遭到很多同学的投诉。

我跟老公说了自己和女儿的谈话后，他也吃了一惊。我们商量了一番，觉得有必要跟女儿一起玩一次"穿越"。

周末，我跟女儿说："今天趁着全家人都在，你可以在家中完成你的穿越梦想。"

女儿睁大眼睛，不敢相信地看着我。当我把从一个朋友那里借来的戏服给她穿上时，她一下子兴高采烈得有些语无伦次。为了让她过足"皇后娘娘"的瘾，公公婆婆在我的劝说下，也都表示乐意听从差遣。

我对女儿说："清朝没有电视，没有手机，更没有手提电脑……所以，要把它们全关掉。"她嚷嚷着说不行，最终在我的强势下妥协了。

一开始她还觉得很新鲜，让我给她捶背，让奶奶给她倒茶，让爷爷给她切水果。半天的工夫，能差遣的事她几乎让我们做了个遍，新鲜感全没了。

午饭过后，她嚷着要开电脑，要看电视，我都以"清朝没有现代电器"为由拒绝了。

到了晚上，女儿卸掉长裙后，长出了一口气，说："这没有电视、没有电脑的清代，哪里是人过的生活？还是现代好。"

我和老公异口同声道："还是清代好啊，不用学习。"

女儿不好意思地笑了起来，并向我们承认最近她是有点厌学情绪。我和老公也做了检讨，决定以后不再给她太大的压力，只要她尽力了，我们就会开心。

见此，女儿开心得笑了起来。她说，她会认真学习，珍惜时间，不会让我们失望，并且再也不做"穿越"的梦了。

10. 教子像"生豆芽"，要适时地给些阻碍

上学期期末，女儿的成绩有了进步，她骄傲得不得了，没事就常自夸："我有一个聪明的脑袋哦，我们班70个人，老师表扬我的进步最大。老妈，我很厉害吧？"

女儿进步了，其实有一半功劳是我的，但我还是赞叹道："不错，咱闺女真是厉害，妈妈当年都没你厉害呢。"

她听后，更加得意了，并向我讨要礼品，为此我破费了好几百元。

她的成绩就是我的成绩；她欣欣然，我也喜上眉梢。当邻居对女儿

投来赞赏的目光时，我和女儿一点也不谦虚，都膨胀得像充满气的气球，心里也比吃了蜜还要甜。

这学期，女儿很荣幸地被选为学习委员。当了班干部的她，虚荣心更加强烈了，不过，她花在功课上的精力好像越来越少了。

每次我问她："作业做完了吗？"她就搬出一大堆理由，比如班上要组织抢答赛什么的，要花很多时间积极筹划——她要做出成绩来给大家看。并且，她还会说："我有一颗聪明的脑袋，那些作业就是小菜一碟。"

我推崇"夸奖能夸出个好孩子"的教育方法，为了不打击女儿的积极性，我热情地赞扬她："不错哦，我的女儿就是厉害，妈妈为你骄傲。"

于是，女儿更加自满了，骄傲得像个公主。

期中考试后，女儿的班主任找我谈话，说她的成绩下降严重，跟上学期比，思想上也明显地退了一大步，有了小成绩就骄傲，属于沾沾自喜型。老师还说："你要适时地给她点压力，给她点阻碍，一味任其自发成长是不行的。"

回到家，我给自己生的绿豆芽浇水，发现才一个晚上没看，它们已经疯长出来了，但是又细又嫩，一点都不像母亲生的那种。

我向母亲讨教生豆芽的做法，她耐心地告诉我："你呀，赶紧压点重物看看。"于是，我按照母亲的说法，在豆芽上面放了一只装满水的盆子。

第二天，再打开看时，豆芽真的开始变得粗壮了。第四天，摆上餐桌的豆芽菜又粗又壮，很是好吃。

吃着豆芽，我豁然开朗，明白教育女儿的问题出在哪里了。

女儿回来后，我找了一套难度高的试卷让她做。她凑上前看了看，笑嘻嘻地又说："小菜一碟。"

我正色道："这套试卷你要能考 80 分，就算你厉害。"结果，女儿只考了 60 多分。受了打击的她，这才知道自己真的没那么厉害。

我经常给女儿制造一些障碍，让她遭遇失败，这让她对失败有了深刻的认识。我几次三番苦口婆心地教育她，多次跟她交心，与她一起进行批评和自我批评后，她懂事地对我说："妈妈，我会成为你想要的豆芽。"

自此，我明白了一个道理：教育孩子也像生豆芽，你不能一味给她浇水，让她顺其自然地成长，而是要适时地给她一些阻碍。

经历了磨炼的孩子，才会像经历了重压的豆芽，长得又粗又壮。

11. 贴纸奖励法有奇效

小女儿蕊蕊特别顽皮，无论我如何软硬兼施，她总是不好好合作——起床、刷牙、吃饭，凡事都要我三催四请。她还喜欢大叫大嚷，叛逆到了极点。

对此，我实在一筹莫展。

在一次家长会上，我把我的问题和盘托出，获得了一个好心妈妈的指点：可以试试"贴纸奖励法"。

"贴纸奖励法"就是制作一张贴纸奖励表，将起床、刷牙、吃饭、上学、做家务等列成项目，如果哪一项孩子做得好，就在下面对应的空格里贴一张笑脸小贴纸。

于是，我抱着尝试的心态制订了计划：每天早上，闹钟响后，女儿主动起床穿衣服，她可以获得一张贴纸；如果在没有我催促的情况下，早晚各刷牙一次，她可以获得一张贴纸；放学后如果认真地完成了作业并且全对，她可以获得一张贴纸；在空闲时如果能帮我做家务，她可以获得一张贴纸。如果女儿表现突出，她可以获得两张贴纸，但一天最多只能获得 5 张贴纸。当攒够 30 张贴纸，她可以获得零用钱 5 元；当攒够 150 张贴纸，则可以获得零用钱 50 元。

女儿对"贴纸奖励法"很是好奇，于是积极地配合着我，想争取更多的奖励。但由于曾经养成的拖拉习惯，她刚开始获得的贴纸较少。当她集齐 30 张贴纸后，我兑现了承诺——给了她 5 元，并表扬了她，肯定了她的进步。

这下，女儿开始兴奋起来，决定每天都要拿够五张贴纸。

每天早上，只要铃声一响，女儿就会起床，再也不用我三催四请半天了。她积极洗漱，独自上学，回家后不用我提醒就会做完作业，还喜滋滋地让我检查、签字，着实进步了不少。

这让我省了不少心，也自我反省了一下，觉得自己在教育孩子的方法上有欠妥的地方，而且耐心也不够。于是，我改变思想，遇事不再与女儿针锋相对，不再以家长的口吻一味教训和指责她，而是多鼓励她，

夸赞她，把她当成朋友。她也慢慢地改变了大叫大嚷的习惯，变得温言软语，很有礼貌。

女儿每天最快乐的事，就是往奖励表上贴贴纸。当她粘贴纸的时候，我看见她满脸的自信与骄傲，她再也不是原先那个懒散的孩子了。

有一天，她回家后告诉我："妈妈，老师表扬我了，说我今年像变了一个人，积极、努力、勤快了。"

我笑了，看来，"贴纸奖励法"的效果真不错。

三个月后，女儿终于攒够了150张贴纸。那天，我们开了个家庭会议，当众表扬了女儿的进步，并将50元的奖励"颁发"给了她。

女儿兴奋得蹦起老高，并要求我把这个"贴纸奖励法"长期进行下去。她悄悄地问我："妈妈，你喜欢什么，我拿这钱给你买。"

我欣喜地看着女儿，心里溢满了感动。

12. "故意忽视"也是一种教育

蕊蕊四岁时，脾气很不好。有一次，我带她去逛街，走到一家玩具店前，她的脚就挪不开步了，指着橱窗里那个红色的娃娃对我说："妈，我要这个。"

我走过去一看标价，吓了一跳：298元。

店员看到了女儿的执拗劲儿，估计是条大鱼，也一个劲儿添油加醋地介绍："这款玩具娃娃有很多人买，还能说话，你看——"她拍了拍娃娃的头，它立刻欢快地说："我是贝蒂，我们做个好朋友吧！"

女儿更加爱不释手，任凭我怎么说，抱着玩具娃娃就是不肯松手。见她如此固执，我也就咬了咬牙给她买了。

刚开始的几天里，女儿觉得挺新鲜，每天会抱着玩具娃娃睡。可没过几天，她就把它大卸八块了。

看着近300元就这么白白地打了水漂，我又气又无奈，然后跟做了多年幼儿教育的表姐诉苦。她对我说："这种情况，你何不实行'故意忽视教育'呢？对于孩子们的无理要求，我常用这种方法。"

听表姐说，故意忽视教育就是在孩子无理取闹、提过分要求，而他又处在安全的地方时，对他采取"放任不管"的方法。

孩子哭到一定程度就会厌倦，所以不能让他把哭作为对付父母的撒手锏，同时也要让他明确地知道，哭达不成任何目标，起不到一丁点作用。因此，家长在育儿的过程中，一定不要对孩子的不良行为妥协，进而给予任何形式的补偿。

之后，遇到女儿的无理要求，我就开始学着对她进行"故意忽视"教育。比如，她在客厅里跟表姐冬冬玩得好好的，突然争抢冬冬的玩具，向我投诉无果后大哭，我就转身钻进厨房，对她视而不见。

见我不帮她，她开始号啕大哭，继而嘤嘤啜泣。接着，她四下张望，见我根本不理她，便不再吱声了，最后竟然独自玩得不亦乐乎。

女儿爱发脾气，稍有不如意就会大哭大喊，还蹦跳、打滚。对此，现在只要她处在安全的地方，那么，我就会马上离开去另一个房间，直

到她停止发脾气再回来。

有时候我会转过身，任凭她哭嚷、蹦跳，根本就当没看见一样，继续做自己的事。她闹过一阵后，知道这招不见效，便不发脾气了。

以前遇到这类事，我是一哄二劝三威逼，弄得自己精疲力竭不说，还助长了女儿任性的坏习惯。

后来，我在书上看到这样的说法："故意忽视"是一种教育孩子的有效方法，可避免家长由于无意中所给予的注意而加重孩子的印象，间接地助长他的不良行为，这种方法对减少学前儿童的任性行为尤其有效。孩子无理取闹时，若是加以责备或给予注意，反而可能在无意中"鼓励"他的不良行为。

但是，当孩子的不良行为终止时，这时就要改变"放任不管"的态度，给予他充分的关注，陪他一起玩游戏、看书、画画，做他最好的"玩伴"，促进亲子关系，让他健康快乐地成长。

13. 给孩子排毒，治愈假期综合征

暑假期间，我发现嫚嫚中了三种"毒"：玩电脑游戏、玩手机游戏、追电视剧。

我心想，作业她也做完了，没理由反对她自由玩乐，就让她放纵一

下吧，反正开学后她就没时间再疯玩了，索性就让她玩个够。所以，我只稍微提醒了她："用眼不要过度，玩半个小时就要休息会儿。"

女儿开始晚睡晚起，生物钟严重紊乱。开学前一星期，我就给她做了思想动员："马上就要开学了，起床时间得纠正过来。"看我说得郑重其事，她也只得照办。

上学报名那天，女儿还挺积极。看她那么主动，表现很好，我不禁为自己的思想动员工作做得好而沾沾自喜。

但班主任柳老师提醒我："孩子都是三天热，真正的假期综合征三天后才会体现，到时再看吧。"

果不其然，三天的热乎劲儿过去后，女儿开始懒散了起来。情况常常是这样的：闹钟响了半天，女儿不见起床，喊她还极不耐烦；放学一回到家，她就以查资料的名义打开电脑，实际上是背着我玩游戏；做作业还拖拖拉拉，一点学习的主动性也没有。

老师也说，女儿在课堂上思想不集中，还偷玩手机。我想，女儿的假期综合征很严重，该是给她"排毒"的时候了。

那天，女儿放学回家后，我跟她深入地交谈了一次。我告诉她，既然开学了，就要做到人归、心归，守时、守纪。我指出了这几天女儿表现出的种种不好现象，她无奈地说："不知怎么搞的，我老是很想看电视、玩游戏。"

我说："你这是中毒了，而且中毒不浅。你忘了自己之前定下的考北大的理想了吗？再这样下去，你哪儿还有机会成为北大生？"

为此，我跟她一起建立了一张合理的作息时间表，并跟她约法三章，

要求她严格遵照上面的规定，否则扣发零用钱。比如，除了周末可以玩一小时游戏，看一小时电视外，其他时间禁手机、电视、电脑。

我没收了女儿的手机，藏起了平板电脑，甚至把有线电视的机顶盒也收了。见我们都牺牲看电视的时间陪她一起"排毒"，女儿的自觉性逐渐变强了。

周末，我带女儿出去做户外活动，这既增长了她的见闻，又锻炼了她的身体。两个星期后，她的"毒"终于排干净了。

看女儿顺利地克服了假期综合征，学习、生活步入了正轨，我心里宽慰了不少。

14. 巧治"马大哈"女儿

送嫚嫚上学回来后，刚进屋，我的手机就响了。接通后，只听女儿在电话里着急地说："妈妈，我的数学书放在书桌上忘带了，你帮我送来吧。"

又忘了带书，这孩子在搞什么？我明明提醒她多次了，她还是健忘，纯粹是"马大哈"一个。

我的火气一下就蹿上来了，但又想到上课没带书会耽误功课，还是决定去送。我的心里很矛盾，因为这样的事发生好几次了，她还是记不住。于是，我对她说："今天没带书就算了吧，我正忙着呢。"

女儿再次央求我："妈妈，帮我送过来吧。"

我心软了，但想了想还是斩钉截铁地说："没办法，谁叫你忘了呢！我也没空去送，再见。"我果断地挂了电话。

女儿放学回家后，一脸的不高兴，说我不给她送书，数学老师狠狠地批评了她一顿。因为家庭作业题目在书上，她只好在课间借别人的书抄了一遍，按她的话说，自己吃了不少苦。

我顺势教导她："你干吗老是忘记带书呢？以前跟你说过，做完作业要好好整理书包，早上要特别看一下语文和数学书带没带。"

女儿点了点头。我心想，嘿嘿，不让你尝尝自己"马大哈"毛病造成的后果，你就不会长记性。

这之后，女儿开始自己整理书包，也没再打电话让我送书了。但好景不长，一段时间后，她的"马大哈"毛病又犯了。

那天，班上组织手抄报比赛，女儿为了这次比赛做了不少功课，花了不少时间和精力做出了一张精美的手抄报，并且期待自己能拿奖——可那天上学时她居然忘带手抄报了。

女儿打电话给我时，我正在上班，虽然我能请假，但还是决定不给她去送。结果可想而知，她因此失落得大哭了一场。

我几次三番这样狠心"惩罚"了女儿后，她终于对我没了指望，同时知道"马大哈"的毛病只会让自己吃亏，不改不行了，于是开始事事细心了起来。

在这学期的《新学期，新打算》一文中，她写道："这学期，我要坚决改掉'马大哈'的坏毛病，让自己成为一个细心的好孩子。"她每

天自己整理书包，自己收拾碗筷，自己清扫房间，一切显得井井有条了起来。

见此，我也开心极了。

15. 给孩子有尊严的惩罚

那天去大表姐家，看到她家正"硝烟弥漫"：侄儿强强正在跪键盘，见我们一家三口到场，他很不好意思地低下了头。

我过去想扶他起来，他刚想起身，大表姐就声色俱厉地对他说："跪着！你们都看看吧，这么不听话的孩子，他还有没有脸面对别人！"

强强听了，眼眶里含满了泪水。我经过询问得知，他是因为和伙伴们不小心弄坏了同学的一块手表，家长找到大表姐家来索赔。大表姐听后极其生气，决心好好地惩罚他一番。

我觉得孩子做错事了，惩罚他不是不可以，比如让他站墙角、抄课文或者罚他打扫卫生……

我把大表姐拉到了一边，给她看我刚刚看过的一段综艺节目：爸爸对女儿一向管教甚严，有一次他认为女儿交友不慎，把她五花大绑，并喊来亲友围观。女儿觉得丢尽了脸，发誓这辈子无论如何都要像这样捆绑爸爸一次，丢尽他的面子。

二十多年后，女儿已是家庭、事业有成了，而爸爸妈妈逐渐老去，但她对亲人的爱依然持怀疑态度。在一次跟爸爸争吵后，年轻气盛的她竟找来几个朋友把爸爸给绑了。

结果，这一对父女彻底决裂了，爸爸对女儿心灰意冷，就是临终前也不允许她来看自己一眼。为此，她难过极了。

由此来看，给孩子有尊严的惩罚是多么重要！

孩子做错了事，我们可以晓之以理，动之以情，但绝不能侮辱他，更不能像上述故事中的那位爸爸一样不顾及女儿的尊严，对她五花大绑。

孩子幼小的心灵是极易受伤的，而正确的爱的方式是相互的，尊重也是相互的——家长在教育孩子的时候尊重他，他也会尊重你。反之亦然。

我想起老公跟我说过，他小时候因为做错事，被他爸爸罚跪了整整一下午，这件事他一直难以释怀。所以，当我们的孩子犯了错，老公从来都是温柔地说教，维护她们的自尊，这让原本叛逆的她们了解到了父母的良苦用心，所以会及时纠正错误，并由此建立了融洽的亲子关系。

其实，这样的教育更有效。

16. 我家的"零花钱大战"

"妈，给我两块钱。"自从上了小学一年级后，蕊蕊每天早上都会跟我要两块零花钱，不给就不去上学。

听她那语气，我心里就有些不乐意：两块钱虽然是小钱，但我感觉她拿钱太容易了，以后很可能造成错误的金钱观念。我便想，我该用什么办法让她自己挣零花钱呢？

那天，我跟女儿商量，以后她帮我做家务就给她零花钱。她不屑地说："我的同学不干活也能得到零花钱，凭什么我要干活呀？"

不管三七二十一，我武断地实施了这个计划，结果她极不情愿，效果也不理想。

这学期，我给女儿报了围棋兴趣班。第一天上完课回家后，她就兴奋地对我说："妈妈，围棋老师说，只要我们认真听讲，就会奖星星贴纸，集齐 30 张就能换个小礼物。"

这是对付幼儿园小朋友的办法，怎么能用在低年级小学生身上？不过，看在女儿用期待的眼神望着我的分上，我不便打击她的积极性，只好鼓励她说："这方法真不错！你认真听讲吧，到时候你得到了礼物，一定要跟我分享哦。"

那一天，女儿得到了四张星星贴纸，她认真地把贴纸整整齐齐地贴到了围棋书的背面。这之后，每次上完围棋课回来，女儿都能得到二至四张星星贴纸，每次她也都会很认真地把贴纸贴起来。看得出，她很珍惜这些贴纸。

她总是问我："妈妈，我什么时候才能得到 30 张星星贴纸呢？"我继续鼓励她说："会的，很快就会的。你继续认真听讲，积极举手回答老师的问题，你得到的贴纸就会多起来。"

因为一心想拿到礼物，女儿的变化很大，围棋老师也从来没有向我"投诉"过她。一个半月后，她终于集齐了 30 张星星贴纸，换到了一枚闪光球。

让我惊讶的是，原本被班主任经常"投诉"的女儿，在围棋班 30 多名孩子中却是第二个拿到奖品的人。我灵机一动，觉得这奖励星星贴纸的办法真好，并决定以后给女儿发放零花钱就用它。

我买来一张大红纸和一叠星星贴纸，画好表格，把它贴在书房里，并跟女儿商讨了星星贴纸与零花钱的实施办法：一颗星星（相当于一张贴纸）代表 1 元零花钱。

她如何能得到星星呢？那得看她每天的表现：作业评了优，可以得一颗星星；帮助了同学，可以得一颗星星；被老师表扬一次，可以得一颗星星……到了月末，如果得到的星星超过 100 颗，可以奖励 100 元，然后就可以买自己喜欢的玩具了。

我列举了很多可以得到星星的事例，这让女儿充满了信心，也因为尝到了星星贴纸换奖品的甜头，她的热情很快被激发了出来。

从那天开始，她每次放学回家后的第一件事，就是告诉我她做了哪

些值得"加星"的事。她会努力回想当天在学校做过的事：

语文作业得了优。

数学课上举手回答了两次问题，第一次答错了，第二次答对了。

体育课上跳长绳，每次都能跳进去，也能跳出来。

写字比赛，帮同学找了钢笔。

帮老师擦了黑板，倒了垃圾，受到老师表扬。

每天，她都会做好几件值得"加星"的事，我便相应地给她发放零花钱，有时候是一两元，有时候是三四元，每次她都很开心。

现在，女儿变得上学积极了，写字认真了——因为认真写字可以得三颗星，她不敢出现半点马虎。

自从用这个办法让女儿挣零花钱后，她做任何事也变得主动了起来。

17. 用孩子犯的错误帮助他成长

蕊蕊六岁时，有一天对我新买的玻璃鱼缸陡生兴趣，就开始跟鱼逗乐，拿她装橡皮泥的杯子舀鱼缸里的水，舀出来再倒进去，开心得不得了。

爱玩水是孩子的天性，我知道阻止她是没用的，只好在旁边连声叮嘱："这个鱼缸很贵，而鱼缸是小鱼的家，你要保护好它。鱼缸易碎，打碎了妈妈可是要惩罚你的。"

女儿连声说："不会的……"

可是，没过半个小时呢，我就听见"哐啷"的一声。我赶紧跑出去看，发现鱼缸碎了一地。好在女儿逃得快，自个儿倒是没有受伤，只是裤脚打湿了一点。她手里依旧拿着玩具，愣愣地站在那里等着挨训。

收拾完碎玻璃后，我很生气地对女儿说："跟你交代了好多次，你为什么不听呢？"

女儿小声地说："我不知道玻璃鱼缸这么不结实。"

我耐心地告诉她："玻璃都是这样的，稍微磕碰一下就会碎，知道吗？"

以往她要是做错了事，我们俩会商量一个惩罚她的办法，要么是她帮我做家务，要么是她多抄几遍作业。可这个鱼缸是花了 68 元买来的，而且是在我对她三令五申的情况下打破的，所以我就想：这次我得加大惩罚的力度，帮助孩子成长，让她知道挣钱不容易。于是，我对她说："买鱼缸花了 68 元，我只要你挣 10 元还给我。"

女儿一听我要她去挣钱，两眼放光了："妈，你告诉我挣钱的方法。"我指着杂物间的那一堆旧书刊说："你把这些旧书刊整理好，拿到楼下的废品店去卖了。"

"太重了，我搬不动。"女儿快快地回应道。

我告诉她："旧书刊太多，一次拿不完可以拿两次，两次拿不完可以拿三次……"

女儿听后，找来一个手提袋，然后把旧书刊塞到了里面，自己试了试，觉得不吃力就拎下楼了。

其实，女儿虽然已经六岁了，但依然没有金钱观念，也鲜有机会体验买东西的事，更别说卖废品了，这次我是有意要看看她的沟通能力。所幸，楼下对面就有一个小废品站，我还是怕她出差错，就悄悄地跟在了后面。

女儿拎着袋子站在废品站门口，不知所措。直到有人好心地问她："小妹妹，你要卖东西啊？"她这才急忙点头。

卖完了废品，女儿接过钱，飞快地跑回了家。而我早已经提前回家了。

"妈妈，你看！"她扬着手里的钱，显得很高兴。然后，她兴奋地又把其他旧报纸也装进袋子，拎着飞跑下楼了。如此来回三次，旧书刊居然卖了 13.8 元。

等她完事后，看她满脸是汗，我问："累了吧？"她摇摇头，说："不累，挣钱的感觉真好！"

从那之后，她对玻璃制品就会轻拿轻放，也逐渐了解到了挣钱的不易，不再嚷嚷着要买很多零食、玩具了。

很多人都说我的这种教育方法太严厉，但看到女儿一天天的懂事了，我便觉得，用孩子的错误帮助她成长未尝不是一件好事。

18. 将孩子犯的错误编成睡前小故事

帮蕊蕊整理书包时，我意外地发现书包里多了一个自动卷笔刀。这种价格稍贵的卷笔刀我从来没给她买过，何况每天我只给她 1 元零花钱，她也不可能自己买。

我猜测一定是她趁同学不注意，做了顺手牵羊的事。于是，我压低火气问道："这卷笔刀是哪里来的？"

女儿慌慌张张的神情和支支吾吾的言语，使我更加相信了自己的判定。但她一口咬定是自己在放学路上捡的，我只好苦口婆心地劝她："不是咱的东西咱不能要，就是捡到的东西也一定要交给老师。明天你去把卷笔刀交给老师吧。"

孩子还小，根本不知道偷的概念，顶多也是好奇，但这种行为得防微杜渐。要用什么方法让孩子明白事理呢？晚上临睡前，女儿央求我讲睡前故事，我突然灵机一动，心想，不妨将今天的事编在故事里，看看这种教育效果如何。

女儿很喜欢小猫咪，而且自称是一只聪明可爱的小美猫。于是，我这样讲道："有一只小花猫聪明可爱，乖巧懂事。有一天，她看见隔壁的小黑猫捉了一只又肥又大的老鼠，心里特别羡慕。趁小黑猫出去玩的时候，小花猫就偷偷地溜到隔壁将老鼠偷了过来。很快，这事大家都知

道了，没有伙伴再跟小花猫玩了。"

我讲故事的时候，女儿起初挺兴奋的，后来就一直低着头。我知道，她是听明白我讲的这个故事了，于是我故意启发她："为什么大家都不再跟小花猫玩了呢？"

女儿悠悠地说："因为它拿了小黑猫的大老鼠。"

"小花猫这样做对吗？"

女儿摇了摇头。

看我自编的故事收到了不错的效果，我继续说道："妈妈的故事还没讲完呢。你听着：小花猫一个人很孤独，这才意识到不该拿别人的东西。几天后，她鼓足勇气向小黑猫道歉，并且将老鼠归还给了小黑猫。朋友们知道后，都称赞了小花猫的诚实。"

听我说完，女儿的眼睛一亮。不用我多说，她已经知道该怎么做了。

第二天回到家，女儿兴奋地对我说："妈妈，我已经把卷笔刀还给妞妞了，还跟她说了对不起。她说没关系，我和她还是好朋友呢。"

看着女儿露出的笑容，我心中的那块石头才终于落了地。

家长把孩子犯的错误编成睡前小故事，一方面不会滋生他的抵触情绪，他会虚心地从故事里受到启发；另一方面，家长也不用再苦口婆心地说教，弄得自己身心疲惫——在讲故事的过程中还加深了亲子关系，何乐而不为呢？

家长们不妨也试试这个办法！

19. 发现女儿抄作业后

嫚嫚做事拖拉，每到我临睡前，她的作业还没做完。我常常火冒三丈，又拿她没办法，只好给她做了硬性规定：作业做不完不准睡觉。即使这样，她依旧不慌不忙，一副慢悠悠的样子。很多时候，都是我睡我的觉，她做她的作业。

这样持续了一个学期后，缺少睡眠的女儿导致长期精神不振，上课常打瞌睡。被老师"投诉"了几次后，我觉得这样下去也不是办法。听说用奖励督促孩子做作业的效果不错，我决定试一试，于是对她说："如果你在七点之前做完作业，我就会每天奖你两块钱。"

这对女儿的吸引力还是挺大的，她立马就同意了。这之后，她做作业再也不用我催了，而且速度提高了不少，每次都能在七点之前做完，甚至连家长签名也省了。我乐了，能省一事就省一事吧。

那天，我陪女儿去开家长会，老师表扬她进步了。我很高兴，回家后做了她爱吃的水果沙拉，准备给她一个惊喜。

推开房门，我发现女儿正趴在书桌上，对着平板电脑写着什么。我一看，这不是在抄作业吗？她把作业题输入到网上点一下，答案就出来了。更让我生气的是，就连写日记她也是照抄不误。

原来如此！我一时气得不行，想冲上去给她几巴掌，但我还是忍住

了，走过去说："写作业就这么难吗？还需要借助电脑。"

女儿看我发现了她的秘密，不好意思地关了电脑，打开书本，开始认真地写作业。写完作业后，我耐心地教导她："作业需要自己独立完成，抄作业是不对的。"

事后，我向一位优秀的家长讨教，她说："孩子还处于低年级，自控能力差，这就要求家长放下手头的事，陪孩子写作业——等她养成良好的习惯后，自然就不会抄作业了。"

我决定试一试。

我开始跟女儿约法三章：每天放学回家，第一件事就是写作业。她写作业的时候，我不玩游戏和看电视，而是拿一本书在旁边看，陪她写作业。遇到不懂的问题，她要及时向我请教，而我会耐心指点。

女儿做作业的速度提高了不少，而且，我再也没有发现她抄作业。

20."枪手"事件

三年级的暑假，嫚嫚整天优哉游哉地看电视，每当我问她："暑假作业做完了吗？"她总是嗤之以鼻："作业是小菜一碟，开学之前给你看就好了。"

有了她的保证，我也就不再担心了，反正她一向说话算数。

等到快开学了，我对女儿说："把你的作业拿来看看。"

女儿把两本暑假作业拿了出来，恭恭敬敬地递到我手上，然后用一副得意的眼神看着我。

我翻了翻，发现作业全做完了，没有一处空白，而且我检查了其中的几道数学题，发现答案都对。我刚想表扬她做得不错，却发现作业本上的字不像她的笔迹。我觉得事有蹊跷，马上严肃地说："不对，这不是你写的！"

女儿神情紧张了起来，结结巴巴地说："是我写的。"我翻出她先前的作业本，对比暑假作业上的笔迹后，说："你看，这上面的字根本就不一样！"

在铁证面前，女儿不得不低头承认了事实，并且给我讲了事情的起因和经过。

原来，放假前夕，女儿的一个同学告诉她，现在网上有很多专门替人做作业的"枪手"，不仅作业不会做错，而且收费便宜，只要 100 元就可以全部搞定。

为了在暑假彻底玩得痛快些，女儿在同学的"帮助"下，用压岁钱顺利地达成了交易。她本想神不知鬼不觉地蒙混过关，不承想没逃过我的"火眼金睛"。

那天晚上，我没跟女儿说话，打算先"冷处理"，再"热处理"。

女儿长大了，她知道自己做得有些过，就打算用涂改液逐一抹掉暑假作业上的笔迹，重新做一遍。当时，每当经过我的身边，她总是一副欲言又止的样子。

那晚，她没再看电视，连平常每天雷打不动必吃一根的冰激凌也省掉了，专心地在房间里做题。

第二天下班回到家，我把两本新的暑假作业交给她，说："重新做吧，无论你做得对不对，我都不会怪你。"

女儿眼睛红了，对我说："妈妈，对不起，我错了。"

我再次语重心长地对她说："暑假作业应该自己完成，你请别人做，是对家长的不尊重，对老师的不尊重，也是对自己的不尊重。我希望你以后做好自己的分内事，不要再自欺欺人，这是态度问题。"

女儿郑重地点了点头，对我说："放心，我知道该怎么做了。"

三天后，她把作业本交到了我手上，神情显得有点不好意思。我欣慰地笑了，我知道，她从内心里知道自己错了。

就这样，我冷处理之后的热处理很快就化解了这起"枪手"事件，也让女儿认识到：学习是学生的义务，就该自己承担责任，一切投机取巧都不可取。

21. 女儿装病逃作业

为了不让女儿蕊蕊输在起跑线上，这两年我给她报了街舞班、绘画班、围棋班和作文班，把她的周末安排得满满的。即便如此，她每天放学回家，我都要陪她训练一会儿。她虽然极不情愿，但碍于我的威严，只得乖乖地听从。

那天傍晚，看到女儿的作业写得东倒西歪，我勒令她重写，但她写着写着突然趴在桌子上喊头疼，看样子极其难受。我心急如焚，怕她得了什么急性病，只好带着她到医院挂了急诊号。

做了一系列检查后，也没查出什么病，最后医生得出了结论：这孩子没病，可能是学习压力大。医生又偷偷对我说："你女儿这病，我看得多了，这些孩子其实根本没病，都是因为父母给的压力太大才装病的，回去休息一下就好了。"

装病！医生的话让我很是惊讶，女儿很少说谎，莫不是我逼得急，她也不会想出此招来应付我。看来，她是厌倦学习了。

回来的路上，我压住火气，没点出她的诡计，而是认真地对她说："这么晚了，我还出来陪你看病，你看妈妈辛不辛苦？"女儿点点头。

我又问："你是不是觉得作业多，感觉很累？"她重重地点头，然后对我说："妈妈，我要上那么多兴趣班，太累了。"

没想到从她口里竟然说出了"累"字，我心里一惊，想想这些日子以来她学习压力太重了，的确没有好好放松过。

我便对她说："有些特长我们必须学，比如学一种乐器，学跳舞。这样吧，我尽量给你少报一些班，把星期天腾出来，让你尽情玩。还有，星期一到星期五，你只要把老师布置的作业完成好，我就不再强迫你学这学那了。"

女儿听后，高兴得手舞足蹈。

我摸摸她的头，笑着问："头还疼吗？"她不好意思地摇摇头，向我认错："对不起，妈妈，其实我头不疼，我只是想着装病你就会让我

休息，哪知道你偏要带我上医院。"

她笑了，我也笑了。

这之后，我给女儿削减了课外班，但对我给她选择的"必学班"她欣然接受了。多出的时间我让她自己支配，她兴高采烈地玩起了自己喜欢的游戏，做起了手工。看着她开心的样子，我很庆幸。

由此可见，家长在给孩子报课外班的同时，还需要多给他一点自由。

22.别急着让孩子心想事成

嫚嫚所在的学校组织作文比赛，一向自诩为"未来文学家"的女儿胸有成竹地要拿一等奖，没想到比赛结果却不如人意，她只拿了个二等奖。

那天，她回到家里就发脾气，说我虽是评委但一点没帮她，而且说所有评委的文学功底都太差，分不清好坏。我指出她文中的标点错误、错别字和语法错误，她看都没看。

看着她气愤至极的样子，我一阵窃喜。她可能不知道，评奖时老师一致公认她写的作文不错，打算给她评一等奖，我却指出了她文中的不足，说"给个二等奖"就好了。

我想锻炼一下女儿抗打击的能力，所以就没打算让她心想事成。

一连几天，女儿不跟我说话。我知道，她一直在同学中说一等奖非她莫属，这次失利肯定伤她的自尊心了。我暗地里观察她，有好几次看到她抹眼泪。偶尔，她会气愤地把作文本拿出来扔在地上，但又会捡起来看一看。

我一直教导她，好作文是改出来的。所以，几天后当她面对自己写的作文时，终于心平气和地听进了我的意见，意识到有的地方确实写得不好，比如"地"该用"的"，感叹号该用问号，再接再厉的"厉"写成了"励"……

那天，她把作文——改过后，再拿给我看，我这才肯定地点了点头。我将她的作文投到了《学习报》，不久后见了报。为此，她非常高兴。

经过这次事件后，女儿不仅知道了好作文是改出来的，更知道了要想成功，就必须付出辛勤的汗水，而且没有人能帮你心想事成，除了自己。

不久后，女儿看着邻居家的伙伴新买了一台手机，有些心动，就对我说："妈妈，你也帮我买一台手机吧！"

我干脆地回答："不买。"她很生气，对我嚷嚷："我们班很多同学都有了，为什么就我没有！"

我跟她解释："不给你买手机，一是怕你上课分心，二是你根本就用不着，因为我每天准点接送你上下学，你没有打电话的必要。"

女儿不死心，又说："有时候周末你要加班，我可以打电话给你呀。"我说家里有座机，拿座机打更方便。她见没有商量的余地，快快

地走开了。

后来，女儿主动对我说："妈妈，我帮你做家务，我用做家务得来的零花钱来买手机吧！"我想了想，回答道："那也行，但每天最高奖励两块钱。"

女儿听后很高兴，认认真真地做起家务来。用了半年的时间，她终于攒够了买一台手机的钱。她不仅体会到了劳动的快乐，更在劳动中锻炼了自己。

有时候，我故意不让女儿心想事成，她想做的事、想要的东西，我很少一口答应。我总是对她进行"挫折"教育，让她明白失败本身就是再平常不过的事。所以，再遇到什么打击后，她也能安然应付了。

柏拉图有一句名言："对一个小孩子最残酷的待遇，就是让他'心想事成'。"所以，做家长的疼爱孩子，常常对他有求必应，让他心想事成，其实会害了他。

原来，爱孩子也很简单，就是别让他"心想事成"。这是因为，孩子就像一棵小苗，只有经过风吹雨打才能长成参天大树。

第 四 辑

教孩子学会欣赏自己，
培养他强大的内心

看着女儿健康、快乐的样子，我很满足。我也突然明白了一句话：经常被拥抱的孩子，心理素质要远比那些缺少拥抱的孩子健康和快乐得多——拥抱会让孩子重拾童年安全、踏实、温暖的感觉。

1. 教孩子学会欣赏自己

蕊蕊拿着考试成绩单回家，一脸的沮丧。我问她怎么了，她说："妈妈，为什么我跟别人一样用功，可我还是没有考好？"

我拿过成绩单一看，她的语文考了 92 分，数学考了 99 分。我说："你这成绩还不错嘛。"她说："不是太好呢，我们班有六个人是'双百分'，我这个成绩呀，在班上只能算中等。"

我安慰她说："没事，妈妈对你的要求并不高，你只要尽力就行了。"她认真地跟我说："妈妈，你知道我佩服我们班的谁吗？"

我摇摇头。她说："我们班长呀，她叫丁思媛。她学习好，字写得很不错，画画也很棒，是我们班最厉害的。我们虽然是好朋友，但我比不上她。还有我们班的学习委员李茜，我也佩服她，她的作文在市里得过奖呢。她可是我们班的学习标兵，功课样样都厉害，每次考试都是第一名。她跳舞也是超棒的，老师都要我们向她学习。妈妈，为什么我不能像她们一样聪明，像她们一样优秀呢？"

看着女儿对自己极不满意，我想了想，对她说："宝贝，你看，你喜欢围棋，在你们班上也算是围棋高手吧？"

女儿点点头，笑着回答："对呀，我怎么没想到呢？"

我又对她说："你会煮饭、煎鸡蛋，前些日子你不还为这些事高兴吗？想想，你们班上可能还有很多同学不会煮饭呢。所以，你该为自己骄傲呀！"

女儿又点点头，抿嘴笑了。

我又想到了女儿的一些优点，一件一件地说给她听，比如，她很善良，上次为一个生病的同学捐了一些自己的压岁钱；她很有孝心，每天都会给爷爷拿拖鞋，给奶奶捶背。

听我这么说，她越来越欣赏自己了，越来越有自信了。她认真地点点头，对我说："妈妈，真没想到我也这样棒。"

看到女儿放下了心里的包袱，于是我拥抱了一下她，对她说："当然，你想学习别人的长处是对的，妈妈支持你，但你要学会欣赏自己，更要有自信。每个孩子都是独一无二的，你在妈妈心中是最好的，相信你一定行的。"

女儿点点头，向我承诺道："妈，我会变得更棒的。"

2. 给孩子打造一面"快乐墙"

周末，我午休起床后发现，客厅里像被打劫了一般：两个孩子正挤在沙发上耍闹，沙发靠垫全滚落一地；原本在茶几上的茶杯和水壶被挪到了墙角里，电视机上的盖布也扯下来了；茶几上摆满玩具、小人书和一堆零食。

更要命的是，客厅后面那块雪白的墙，被两个孩子画得"惨不忍睹"：图像有机器猫、人物，还有好几只小猫小狗。看样子，她们是站在沙发上画的，用的是油画棒。

我把脸一沉，说："把墙画得这么乱，以后我怎么招待客人？早就说过了不许画，交代你们的事怎么就记不住？赶快给我擦掉。"

我知道油画棒涂的色很难擦掉，只不过是想用气势吓唬吓唬她们，让她们长点记性，以后不要在墙上乱涂乱画。

女儿很认真地找出橡皮擦，认真地擦了起来。可是，等我在论坛上逛了一圈后，惊讶地发现，墙上的情况更加严重了——她们不仅没有擦掉图画，反而变本加厉地为每一个图案涂上了颜色，看起来更加色彩斑斓了。

我无奈地苦笑了一下，只得跟表姐诉苦。她说："涂涂画画是孩子的天性，你不能扼杀她们的兴趣爱好。对了，几天前我看了一篇文章，说给孩子一面涂鸦的墙，对他们的成长是有帮助的。这样，他们在墙上画画，快乐而过瘾，就不会再干涉你的领地，两全其美！"

我想也是，大女儿不过六岁，小女儿刚满四岁，两人都是喜欢涂鸦的年纪。而且，她们都说喜欢画画，我怎么能制止她们不在家乱画呢！

思来想去，我决定按照表姐的建议，给孩子们精心打造一面涂鸦墙。

我上网一查，发现很多家长都有给孩子做涂鸦墙的经历，他们晒出了很多注意事项和方法。考虑到弄一块黑板或是白板虽然简单方便，但那样的话，孩子们哪里能体会到在墙上画画的乐趣呢？再说了，粉尘对孩子的身体也不好。

听说最近推出了一款可以做黑板墙的黑板漆，不仅可以挑选自己喜欢的颜色，而且涂上去是墙面的效果，擦一擦就干净了，很方便。

我还看到了一个黑板墙的实景大图，清新的蓝色黑板漆刷出的涂鸦墙，效果非常好。于是，我按照步骤在家找了一块墙壁，作为孩子们涂鸦的地方。我刷完乳胶漆，再刷防尘涂料，最后给孩子们做了整面的蓝色涂鸦墙。

这面黑板墙画再多的画也没关系，因为画完后只要用湿布一擦就干净了，孩子们看到后也特别开心。我告诉她们，这是她们的领地，以后爱怎么画就怎么画。此后，这块涂鸦墙不仅成为她们画画的乐土，也成为大家表达爱意的地方。

有时候，女儿会在上面写道："妈妈，天天快乐！"

有时候，女儿会在上面画我们一家四口牵手的憨态画面。

我和老公也会及时回应孩子们的爱，在上面写道："宝贝，我们爱你们！"

亲情的味道飘满屋子，大家都感觉特别幸福。现在，我再也不用担心孩子们侵占我的领地了。

给孩子打造一面"快乐墙"，那不仅是对他的一种引导，更是对他的一种鼓舞。

3.给孩子一块"责任田"

嫚嫚刚上小学的时候，常常丢三落四的，不是上学没带书本，就是放学忘了记作业题。

看着其他家长不厌其烦地对孩子大包大揽，帮着记作业题、整理书包，我就在想：都说自己的事自己做，这些事本来就是孩子应该做的，家长要包办到什么时候呢？这是在害孩子呀！

我得做个狠心的家长，给女儿划一块"责任田"，让她自己做好这些事。于是，我对嫚嫚说："现在你长大了，要承担一些责任了。从今天开始，你的书包要自己整理，铅笔要自己削……还有，你的作业要自己做好并且检查。"

女儿郑重其事地回答："没问题！"然而，没过多久，她就犯老毛病了：不是忘了带书本，就是忘了带水杯。

我狠了心不给她往学校送，她吃了些苦头后，终于长记性了。临睡前，她总要把书包拿出来清点一下。

开家长会那天，我去得早，到了教室门口，发现好些孩子正在抄写家庭作业题。我四处寻找女儿，却看不见她的踪影。跑哪儿去啦？我只好问老师，老师说："大概抄完了作业题，下楼玩去了。"

我在教室走廊里徘徊，心里窃喜：不错啊，这么快就抄完了。我刚想下楼，却见女儿拿着两根火腿肠往楼上冲，见了我，她不好意思地赶紧走进了教室。

这时，老师正要求学生收拾书包，腾出座位，让家长进去开会。

女儿排队出来的时候，哭丧着脸对我说："妈妈，我的作业题还没抄完，你帮我抄一下吧？"

我先是摇头，然后肯定地说："自己的事自己做，抄作业是你的事。"

我坐在她的座位上，翻看她的作业本，果真只是开了个头。看到有的家长正低头帮孩子补抄作业题，有的家长干脆拿着手机拍照，我的心有些蠢蠢欲动：早抄完早回家啊。

但我拿起笔后，犹豫了一下，又放下了，心想，今天我给她抄一次，那么，往后她一定会指望我给她抄第二次。有了第二次，绝对会有第三次、第四次……如此下去，孩子对我的依赖就会加重，她在心里就会形成这样的印象："我不抄也没事，反正妈妈会帮我的。"

所以，我干脆一不做，二不休，认认真真地坐着开完了家长会。散会后，女儿走过来，十分期待地问我："妈妈，我的作业题抄完了没？"

我认真地告诉她："作为学生，读书、写作业是你的义务。作为家长，引导你读书是我的义务。我们的分工已经很明确了，你的事指望我是没用的。"

女儿见我态度强硬，不高兴地嘟着嘴，极不情愿地抄起作业题来。

那一天，我们是最后离开教室的。虽然我们很晚才到家，但我给女儿上了记忆犹新的一堂"责任课"。

正是我给女儿规划了"责任田"，她渐渐地开始独立，很少让我操心了。当其他家长一边大包大揽，一边抱怨孩子独立性差，没有责任心，苦恼着不知所措的时候，我已经知道唯一的办法就是放手让孩子自己去做。

爱孩子，就给他规划一块"责任田"吧。

4. 给孩子设个安全密码

我去接嫚嫚放学的路上，接到邻居小雅打来的电话，她说今天有点事，走不开，让我把她儿子小胖也一起接回家。我想，小胖跟我也算熟悉，顺便接他回家不过是举手之劳，便爽快地答应了。

到了学校，见小胖正在校门口等妈妈，我对他说："你妈妈今天有事，来不了了，她让我把你带回家，你跟我走吧。"

小胖向四周望了望，没发现他妈妈，有些迟疑地问："我妈妈真有事？她说不来接我了？"

我说是的。小胖歪着脑袋又问："那你告诉我密码！"

"密码？"我一头雾水，不知他葫芦里卖的什么药。

小胖解释："我跟妈妈约定了一个安全密码。如果碰到她忙的时候不能来接我，她拜托的人就要说出我们约定的密码。要不，我不会跟别人走的。"

小雅还真没告诉我密码。我给她打电话过去，她连忙道歉："真对不起，一忙就忘了。现在不是坏人多吗，我怕他受骗，便跟他约定了一个安全密码。对了，我们约定的安全密码是0011，你告诉他，他就会跟你走的。"

跟小胖对上了密码，我才成功接他回了家。

回来的路上，我就想，给孩子设一个安全密码，对他的安全大有裨益。我们一直对孩子说，不要跟陌生人走，不要给陌生人开门，但现在的情况是作案的也有熟人，家长防不胜防。

还有，如果我们真的有事，需要拜托朋友帮忙接孩子，朋友怎样才能取得孩子的信任顺利地接到他，也是一个问题。

我就碰到好几次，我请同事代劳去接孩子，她就是不肯跟同事走，让同事很尴尬。我打电话过去，她还不相信，说怕是别人假装我的声音打的电话。

给孩子设一个安全密码，就可以有效地避免这种情况的发生。想到这里，我对女儿说："宝贝，咱们也设一个安全密码吧。当有紧急情况发生，我不能亲自来接你，一定要接你的人说出密码，你才能跟他走。"

女儿兴奋地回答："好。"最终，她选择了一个自己认为好记的号码做了安全密码。

那个周末，我加班，女儿一个人在家看书。到了饭点，同事说开车去帮我接孩子来，我事先将安全密码告诉了他，并打电话叮嘱女儿："过一会儿，有个叔叔来接你。对了，走的时候一定要检查一下门关好了没有。"

没多久，同事打来电话："你家孩子还真是鬼机灵，不给我开门呀。

她说我的密码不对，错了一个数。"

我呵呵笑起来，看来这招还真管用。

为了让安全密码更安全有效，我还跟女儿商定，每隔一个月就更改一次密码。

给孩子设一个安全密码吧，这样可以培养他的自我保护能力和安全防范意识。

5. 带孩子走进阅读之门

朋友的孩子极有文学天赋，在多次作文获奖后坦言，是文学创作改变了他的生活，是书籍使他获得了成功和快乐。朋友也因此写了一部书，书名是《我带儿子走进阅读之门》。

读完此书后，我深受启发，虽然我并不奢望女儿能在文学上有什么成绩，但至少要让她品尝到阅读的快乐。我决定把朋友的成功经验好好地运用到女儿身上，可是，女儿对阅读不感兴趣，连课文也不爱朗诵——相比语文，她更喜欢数学。

我想，都说"父母是孩子最好的老师"，要对孩子进行潜移默化，首先得自己爱读书，让家里有读书的氛围。于是，不管多忙，我每天都会抽空看一会儿书，或唐诗宋词，或人物传记。女儿见我看书看得不亦乐乎，问我："妈，你在看什么书呀，那么津津有味？"

我便给女儿解释书里的事，碰到有趣的情节，我便大声地读出来，她因此笑得前仰后合，惊叹语言的魔力。

接女儿放学后，原来我经常带她逛超市，后来改成去小区里图书阅览室写作业。这样会出现一个场景：我和女儿并排坐着，她伏在桌子上写作业，我在一边看报纸杂志。偶尔，她不想写作业了，便会拿出课外书来读。

女儿和我很享受一起阅读的时光。鉴于此，我将每晚临睡前的半小时作为亲子阅读时间。我看小说，她看学校发的外国童话书，常常是我要关灯了，而她嚷嚷着还要看一会儿。

后来，我帮女儿办了一张图书馆借书证。图书馆的书让她看书的范围广了，不再局限于书本。

女儿首先将关注点集中到了带注音和图画的那种故事书上。在图书馆看书，氛围很不错，她一下子就喜欢上了这个地方。有时候碰上同学，她便会眉飞色舞地跟人炫耀自己看了什么书，还交流看书心得。

每个周日，我就去图书馆借书、还书，在这期间，我们还比赛谁看得快。每天晚上，她做完作业后，都会找出课外书来读上几页，我也会拿出我的书跟她一起静心阅读。

共同阅读成了我们的习惯后，轮到她给我讲书里的故事了。读到精彩处，她总会笑出声，然后指着书对我说："妈妈，这段太好笑了，我读给你听……"

而今，走进阅读之门的女儿很快乐。她不仅写作文不再愁眉苦脸了，而且热衷于读书。最近，她迷上了诗歌，特别喜欢席慕蓉的《一棵开花的树》："如何让你遇见我／在我最美丽的时刻／为这／我已在佛前求了五百年……"上学路上她在背诵，放学路上她在背诵，甚至连上厕所她也在背诵……

听着她用稚嫩的童音背诵优美的诗篇，我终于由衷地笑了。

爱上阅读的女儿，成了一个快乐又上进的孩子。

6.别跟老师告状

女儿蕊蕊贪玩，做事老是拖拖拉拉，不认真写作业，这让我很头疼。一次，放学去接她时，我向她的班主任告了她的状，希望老师能好好管教她。

老师果真当着全班同学的面对女儿进行了一番批评教育，她低着头，在老师面前保证以后会改正错误。

回家后，女儿犯同样的错误时，我就会拿老师的话训斥她："你们班主任都说了做作业要认真，还要反复地读课文，那样才能提高朗诵水平。"

因为有老师"无形"的督导，女儿的自觉性提高了。从那之后，女儿每次出现问题，我都会向老师告状。告过状后，经过老师的教育，她的情况的确会有所改观。

那天，因为玩游戏，女儿起来得有些晚，上学迟到了。第二天，我跟老师说："你看这孩子，就知道玩游戏，早上都不知道按时起床，一点学习的积极性都没有。"

老师果然当着同学的面，教导了女儿："你就爱玩游戏，不知道学习，你再这样的话，我会严厉地批评你！"

放学后，女儿气鼓鼓地回到家，闷声坐着不动。我又拿老师的话来训她："你们老师说，放学回家后的第一件事就是做作业。"

女儿的眼泪一下子就涌了出来，她哭哭啼啼地说，今天她迟到了，被老师罚站，本来心情就不好，没想到妈妈还跟老师告状，班里的同学都取笑她。她说我这不好，那也不好，最后撇撇嘴道："哪个家长像你一样坏？"

女儿的话让我很吃惊，随后陷入了沉思：我这样跟老师告状，虽然有效果，自己也省心了，但一直这样下去，势必会影响女儿的自尊心。

那天放学后，恰遇女儿的班主任，还有她的两名同学及家长，我们就一路同行。我本来又想告状，却听见其中一名家长说："我家的孩子聪明，课文读两遍就能背下来了。"

老师听后，夸奖道："这孩子是聪明，再用点功，将来一定能成才。"

另一名家长说："我家的宝贝虽然调皮点，但学习态度加强了，比一年级时好多了。"

老师也不住地点头："这孩子进步真大，我也发现了！"

听了家长的称赞，两个孩子都扬着头，脸上笑开了花，激动劲儿别提有多大了。

我这才意识到，我跟老师告状是不对的——连家长都不认同孩子，老师怎么会认同呢？即使孩子错了，你拿他没办法，也只能跟老师沟

通，让老师适时地单独找他谈话，在不伤害到他自尊心的同时，提醒一下就好了——谁都想得到好的评价，何况是孩子呢？

　　自那之后，我就不跟老师告女儿的状了。偶尔遇到老师，我还会眉飞色舞地夸奖女儿："这几天她还真听话，写作业也快多了。"对此，老师也会给予肯定。

　　女儿听后，高兴得合不拢嘴。回家后，她更是积极主动地做作业，马虎的习惯改了不少，我又适时地夸奖她。看着她变成了一个自信、自律的孩子，我更加相信，跟老师告状使不得。

　　发现孩子有不对的情绪和苗头，家长应该引导他，这才是正确的方法。

7. 接受孩子的批评

　　"妈妈，你吃饭时能不能不看手机？"女儿蕊蕊不满地说道。

　　我一惊，我不过是偷偷地抢了一个红包而已，却被她看在了眼里。

　　早先，我们讨论吃饭时的规矩，我说："你吃饭时不能离开座位，不能把腿放在凳子上，碗要用手扶着，不能边玩玩具边吃饭。"

　　她听后，反问道："你要求我这么多，那我要求你什么呢？"然后，她诡秘地一笑，说："你吃饭时不能看手机！"她知道我有一个坏习惯，那就是边看手机边吃饭，而且她知道我改不了这个毛病，所以故意拿这事来压我。

因为约法三章，女儿渐渐改掉了一些缺点，吃饭的速度也快了许多。我批评她，她会虚心接受，并且马上改过来。

起初，当孩子批评我不能看手机的时候，我还能够耐心接受，久了便觉得心烦。我对她说："妈妈看手机是要处理大人之间的事，你不用管，专心吃你的饭就行。"

这下，她不高兴了，噘着嘴，吃饭慢腾腾的。我也没放在心里，心想，时间长了，她也就习惯了。

那天，表姐来我家串门。吃饭时，我又不自觉地开始看手机。女儿的声音马上传过来："妈妈，吃饭不许看手机。"

我装作没听见，女儿的声音提高了八度："吃饭不能看手机。"

表姐一下子笑开了，对我说："她还蛮管事的呢，不错。"

我笑着说："这孩子就喜欢监督我！"

女儿委屈地辩解道："这是我们约定的好不好？"

表姐好奇地问道："你们有什么约定？"

女儿便一五一十地说了起来，最后，她补充道："妈妈原来做得不错，我每次提醒她不许看手机的时候，她都照做了。可后来我再批评妈妈的时候，她一点都不接受。"

表姐笑了，说："你妈妈的做法是不对的，大人要起带头作用的，是不？我批评她。"

女儿高兴地点了点头。

可当时答应得好，一转身我又忘了。那天，吃饭的时候我跟朋友聊

得火热。半小时后，我发现女儿的一碗饭依旧未动，她跑去玩了。我进到房间里，冲她发火："你为什么不听话？跟你说过饭要吃完才能离开座位。"

她不吭声，我更加来气了，喊她过来。这时，她大声地回应我："对我们的约定，为什么就只能你要求我，你自己却做不到？你看你现在在吃饭，手机还握在手上呢。"

面对她的伶牙俐齿，我黯然地收起了手机，对她说："对不起，妈妈向你承认错误。我保证，以后我再也不会在吃饭时看手机了。"

这之后，我不仅在吃饭时不看手机，而且在空闲时也会陪女儿一起玩。她的进步很大，也快乐了许多。

接受孩子的批评，其实并不难，家长只要把自己放在跟孩子一样的位置上就行了。把孩子当朋友，虚心地接受他的批评，并且认真改过，是一件简单而幸福的事。

8. 在孩子面前别说他人的坏话

女儿的班上有一位同学的妈妈四十岁出头了，还打扮得像个二十多岁的小姑娘。我们其他家长觉得她有些显摆，接送孩子的时候，大家的话题总是围绕着她。

看她打扮得洋气，有的家长便会口无遮拦地说几句她的坏话，我只当耳旁风，听听罢了。时间久了，我也开始觉得那位妈妈的打扮不合时宜，会附和着说她几句。可谁知，就是因为我们没有避讳孩子，对他人评头论足，让之后的事一发不可收拾。

那天，那位妈妈又穿了一件半透明的蕾丝裙去接孩子，一下子吸引了很多人的目光，有些男孩子也忍不住偷看。

大家议论纷纷："她穿成这样，目的极不单纯。""一个离了婚的女人，如此张扬，无非是想早点把自己推销出去，只是在学校外边这样晃悠，影响实在是不好。"

她们在肆意评论她的时候，我也小声地附和着说："长得确实一般，还穿得这么另类，典型的狐狸精。"

这话刚好被提前放学的女儿听见了，她好奇地问我："妈妈，谁是狐狸精？是说李馨的妈妈吗？"

因为大家议论李馨妈妈的时候，常常都不避讳我女儿，所以她也知道了。我惊讶地点了一下头，但又怕她刨根问底，补充了一句："家长们随口说说而已。"

那天，我带着女儿去参加一个亲子活动，没想到刚好碰到李馨和她妈妈。我们分到了同一个小组，她热情地跟我打招呼，我也只好笑脸相迎。

玩了一会儿，两个孩子因为一个玩具而争吵起来。女儿大声地说："我不跟你玩了，狐狸精的孩子。"

李馨嚷嚷道："谁是狐狸精？"

"我妈说的，你妈就是狐狸精。"女儿知道把我一个人扯进去不

好，又补充说，"好多同学的家长都是这么说的。"这话虽然在热闹的活动中没有引起太多人的注意，但还是有几个离得近的家长听到了，并且用异样的眼光望着我们。

李馨妈妈怔怔地看着我，眼泪在眼眶里打转。我只好忙说对不起，当时只想找个地缝钻进去。

这之后，每天接送孩子，李馨妈妈都故意对我视而不见，我若是远远地看见她也会躲着她，我们的关系尴尬极了。从此，我再也不会当着孩子的面说他人的坏话了。对于亲戚、朋友、邻居，我在孩子面前全拣好听的说。

孩子年龄小，还不会辨别是非，很多时候只会当传话筒。这样传来传去，势必会影响自己与周围人的关系。何况，孩子不会说谎，若是他说了什么，大家肯定相信，这势必会引起不必要的矛盾。

所以，即使你对他人有意见，也千万不要当着孩子的面说，放在心里就行。

在孩子面前，不说别人的坏话，而要让他看到积极、阳光的一面，教他用欣赏的眼光看别人。因为，孩子听多了负面话，只会让他产生消极心理，在以后的社交中放大别人的缺点，看不到别人的优点。

在孩子面前，要多表扬别人，少批评别人，这对他的身心健康大有裨益。

9. 让孩子过一个"平等"的假期

女儿放暑假了，我给她报了英语补习班、奥数补习班、舞蹈班、羽毛球培训班。大家都说假期很重要，孩子们的差距是在假期里拉大的，所以我不甘落后，把她的暑假安排得满满的。

她刚开始有些怨气，不肯去学，但在我的威逼利诱下，她终于还是答应了。

一天，女儿跟同学聊天时，同学说，这个暑假，她妈妈把她送到乡下了，她过得极其开心：每天的时间任由她自己支配，看书、习字、写作，或是跟伙伴们一起玩耍。

女儿听后，羡慕极了，说："妈妈，为什么我们就不能'平等'呢？我要学这么多，而同学一个班也没报——她的假期过得多好！"

我听后，安慰她说："你现在的努力，都是为了将来能过上更好的生活，你身在福中要知福啊。天气这么热，我每天接送你上培训班，我也很累呀。咱们一起先苦后甜吧，将来的你，一定会感谢现在自己付出的努力。"

哪知没过几天，她的老毛病又犯了，说什么也不肯去舞蹈班了。我只好缴械投降，给她退了舞蹈班。

那天吃晚饭时，女儿又眉飞色舞地讲起她的另一个同学，说人家去

北京旅游了，每天都把照片发在朋友圈，天安门、颐和园、故宫……女儿说她也想去，她不想每个暑假都在为学这学那而烦恼，她想过一个轻松的暑假。

看到女儿无限神往的表情，我也产生了同情。想想当年，那时候自己虽然在物质匮乏的农村，但对暑假很期待和神往，每个暑假都过得很开心。而现在，女儿却把暑假当成了一个噩梦，以后她肯定没什么值得回忆的了。

我决定等这几天上完培优班，就给她彻底放一个假，让她自己安排时间，或带她出去走走，过一过跟她同学一样的暑假。

在暑假期间，家长要留给孩子一些自由活动的时间和空间，多尊重他的意愿，少给他施加压力，别让他丢失假期的快乐，而是多点童年的美好回忆。

10. 学前准备，从叫大名开始

我没少为蕊蕊操心，早早地给她预定了一所不错的幼儿园。我经常对她说："上幼儿园以后，妈妈就不能陪在你身边了，你要自己学会做自己的事。"

我不仅从思想上让她端正独立自主的意识，而且让她从行为上改变依赖父母的思想。于是，我就做了一个"懒妈妈"，不给她喂饭，不随喊随到。

女儿虽然有些委屈，但无奈之下只好自己吃饭，自己洗手。

为了让女儿对幼儿园产生兴趣，我没少带她参观幼儿园。看到幼儿园里的玩具很多，她高兴得合不拢嘴。对幼儿园的环境熟悉后，她开始嚷嚷着要上学。我看在眼里，美在心里。

一天，我跟做了十几年幼教工作的表姐谈起我的学前准备工作，她直夸我想得周到。不过，她郑重地提醒我："还有个事你别忘了，得让孩子习惯听大名，你总是'蕊蕊、蕊蕊'地叫，到了幼儿园，她哪会知道自己叫刘馨蕊啊。"

表姐跟我谈起她教的小班，入学两个月，很多小朋友都不习惯被人叫他的大名。她常常喊得嗓子发哑，小朋友依旧无动于衷，当时她有一种喊天天不应，喊地地不灵的感觉，心里那个气啊。

但也没办法，她知道孩子是无辜的，也许，他们压根儿就不知道自己的大名叫什么。所以，碰到家长，她都会再三交代，学前准备从叫孩子的大名开始。

听表姐说完，我赶紧叫了一声"刘馨蕊"，女儿真像没听见似的，自顾自地在看电视。接着我叫了一声"蕊蕊"，她赶紧跑了过来。我对她说："宝贝，你要开始上幼儿园了，妈妈以后就喊你的大名了哦。"

女儿好奇地望着我，问："妈妈，你以后不喊我'蕊蕊'吗？"

我回答她："等你成了大朋友，妈妈就喊你'蕊蕊'。"

刚开始，女儿对自己的大名挺不感冒，常常充耳不闻，叫半天也不答应。于是，我耐心地说教，并积极鼓励家人也配合我。渐渐地，我们

喊"刘馨蕊",她开始答应了。别人一问她叫什么,她马上回答:"我叫刘馨蕊。"

看来,女儿绝对不会像表姐说的那些孩子一样,我心里美滋滋的。

学前准备都是些极细小的事,做父母的提前准备好了,就会省去很多麻烦。让孩子尽早脱离父母的怀抱,适应幼儿园的生活,不是每一个家长的心愿吗?

如果你的孩子正处于学前准备阶段,那就从叫他的大名开始吧。

11. 保护孩子的自尊心

嫚嫚在日记里都说自己是"极品马大哈",因为她不是把习题中的加号看成了减号,就是把数字抄错了。

我三番五次地说教,但收效甚微。后来,我帮她检查作业的时候,干脆省了口舌,来了个狠招,直接在错题上画上"×"。

虽然我是用铅笔画的"×",但因为画得重,而且又大,她要擦干净比较费劲,稍不注意还会擦到附近的习题。每每看到她趴在桌子上,无可奈何地擦那个大"×"的样子,我便暗笑:谁叫你不细心!

我想,这肯定会让女儿长点记性。可是,我失望了,它并没有起到警醒的效果。相反,因为我画的这些"×"无论怎么擦都有印记,老师

160

说女儿的作业本很不整洁。为此，她还哭了一场。

我训斥她："谁叫你不细心点呢，你把题目全答对，我会给你打'×'吗？"

她扬起脸来，很委屈地问我："你小时候真的没做错过题吗？你就能保证每次都能得 100 分？你从没得过'×'？给我的那些'×'，你看着很舒服？"

我陷入了沉思。要不是女儿提醒，我还真忘了，我也有那么一段不光彩的岁月。上小学时，我虽然语文成绩好，但数学成绩属于中等偏下，数学作业或试卷上常常得"×"。有一次，我将一道应用题解错了，老师在我的试卷上用"×"从左划到右，连题目都没放过。当时我就蒙了，自尊心受到了很大的伤害。也就是从那时起，我对那个老师有了成见。

我真是好了伤疤忘了疼，居然用同样的方式伤害女儿。看到她一脸愤怒的样子，我这才明白自己真的做错了。我真诚地跟她道歉，并告诉她："以后遇见错题，我不会打'×'了，我会在旁边画上一个小小的'？'。"

听我这么说，女儿破涕为笑。

自那之后，检查女儿的作业遇见错题时，我便用小"？"代替了大"×"，还耐心地跟她讲解原因。

我发现，大叉号和小问号都可以画，但效果大相径庭。

改成小问号后，女儿不再跟我抬杠，改错题也不再是心不甘情不愿的样子，而是虚心地接受我的批评和建议，将错题整理在一个专门的

作业本上，经常去温习。

这样做之后，她做错题的次数越来越少了，马大哈的毛病也改了不少。

12. 享受孩子当下的依恋

蕊蕊特别黏我，只要我在她的视线之内，她做什么事都爱跟我在一起。汽车后排的座位明明空着，她却要挤到副驾驶座上，认真地对我说："妈妈，我想跟你坐在一起。"

吃饭时，她明明坐在姐姐和爸爸中间，见我一个人坐另一边，突然撒娇地说："妈妈，我想跟你坐在一起。"

看电视时，她本来看得格外起劲，见了我，立马把注意力转移到我身上，直到我顺从她的意愿坐在她身边，她才肯罢休。

我出去买菜，本来说留她一人在家看电视，但我刚下楼，就听见她趴在阳台上喊："妈妈，我要跟你一起去！"我怕女儿出什么危险，待我飞奔上楼开门后，她立马扑过来，眼泪汪汪地大叫："妈妈，我想跟你一起去。"

她像一团泡泡糖粘在我身上，有时候我会被她弄得哭笑不得——一方面我觉得她这样重视我，我很幸福；另一方面，我又担心这样黏人的她独立性太差，什么时候才会长大。

有一天，女儿认真地问我："妈妈，等我长大了，你会不会跟我一起住？"

我想了想，如实回答她："我是想跟你一起住，可多半我是不会跟你一起住的。"

她不明白，好奇地问："为什么？我真的很想跟你在一起住呀。"我告诉她："等你长大了，肯定会嫌我老，嫌我唠叨，嫌我做事不利落。"

她摇摇头，认真地说："不会的。我长大了，我们还一起住！"她说得信誓旦旦，仿佛将来一个桌上吃饭、一张床上睡觉是铁板钉钉的事。

几天前，我看到一组题为《有一天，你会长大》的漫画："总有一天，我会淡出你的世界，变成电话里的叮咛，手机里的短信，信纸上的笔迹，或者，只是一张照片而已……时光总要丰满你的羽翼，而我们终将老去。"

我把这幅漫画拿给女儿看，一字一句地读给她听。她毫不犹豫地摇头说："妈妈，不会是这样的，我们会一直在一起。"

孩子，我也希望不是这样，可事实终究是这样——当你有了自己的小家庭，有了自己的孩子，我只能渐渐地淡出你的世界。也许，我会为你的生活搭一把手，但绝不会每天为你准备一日三餐；也许，我会告诉你一些生活经验，教你面对一些人生的弯路，但我绝不会左右你的生活，安排你的人生。

所以，现在的我总是依着你的小性子，在乎你的喜乐，在你想跟我在一起的时候满足你的需求，与你并肩坐在一起，让我们彼此挨得那么近……我知道这是我们生命里最美的时光。

女儿没心没肺地笑着。我继续读着："是的，有一天，你会不再那么需要我。每一次与你挥手作别，离你的距离都会远一点，再远一点。"

可我知道，有一天，这终将是我们需要面临的事实，无论这个事实曾经怎么撕扯过我的内心。

不过，就这是人生——你总要长大，我们总要老去。

13. 给孩子买礼物不要附加条件

跟蕊蕊一起逛街，她看中了一款有翅膀的鞋子，整个鞋底都有LED灯，走路时一闪一闪的。鞋子很时尚，她嚷嚷着想要。我认真地对她说："现在不买，等你围棋考试连过两级，我就买给你。"

女儿无奈，只得点头。

没多久，围棋考试结果出来了，她只升了一级，但她还是向我提出买翅膀鞋子的要求。我说："你看，你没达到我的要求，我凭什么买给你呀？这样吧，你这周的作业全部得'优'，我就买给你。"

女儿果然在作业上下了功夫，可惜的是，偏偏有一次作业只得了个"良"。她为此气愤极了，好几天都不理我。

那天周末，表姐到我家来，女儿向她"控诉"说我不给她买翅膀鞋子的事。

表姐听后很惊讶，训我道："给孩子买礼物还附加条件呀？她有需要你就给她买吧，你这样要求那样要求，小心会毁了孩子。"

表姐接着对我说，她原来也用这样的方法要求过她家的冬冬。有一次，冬冬想要买一款积木玩具，她许诺说，只要冬冬报了拉丁舞班，她就给买。冬冬没办法，只好报了班，但由于她对此并不感兴趣，白白浪费了时间和金钱不说，还很不快乐。

这之后，她给孩子买东西绝不附加条件，只要她觉得东西是益智的、值得买的，就会大大方方地买回来。

听了表姐的话，我开始反省。

其实，那双鞋并不贵，而且女儿也确实需要买鞋了，我就遂了她的意。幸运的是，那款鞋就剩最后一双，而且是适合女儿的码。

女儿穿上那双鞋，满脸的兴奋，连声对我说谢谢。她高兴地转圈、跑步，又小心翼翼地行走，生怕把鞋弄脏了。她那股子高兴劲儿，我看了很内疚。不过是一双鞋，她却兴奋得忘乎所以。而我却一而再，再而三地让她远离这份快乐，实在是不应该。

跟女儿一起手牵手走在路上，碰到一个男孩眼圈红红的，而他身边站着一位愤怒的爸爸。只听见爸爸说："不行，现在不能买，等你这次考试得了前三名，我就买给你。"

原来，那男孩看上了一款运动鞋，可他爸爸提出了上述条件。

经过一家玩具店，又看见一个小女孩在哭泣。原来，她看中一款会说话的玩具娃娃，而她妈妈说："现在不买，等你连续三个月都得到老师的好评，我再买给你。"

我一下子惊呆了。原来，跟我一样对孩子提附加条件的家长满大街都是，他们都想利用孩子想要的礼物来塑造一个自己心目中的"好孩子"形象。

有条件地满足孩子的需要，其实带给他的潜在信息是：符合爸妈的标准，才会被爱。然后，他为了得到爸妈的爱而失去自我。

所以，给孩子买礼物，就不要附加条件——趁他想要的时候，就买给他吧。如果你不想买，就说出真正的理由，而不是用高要求来让他自动放弃。

14. 让孩子吃点亏

送女儿蕊蕊去学棋，临出门发现她竟然穿了一双凉鞋，配了一双刚买的白袜子。我望望外面的大雨，对她说："这样的雨天不能穿凉鞋，待会儿袜子打湿了会很冷，容易感冒，快去换双运动鞋。"

她却一副无所谓的样子，边出门边回答我："没问题的，放心啦。"我在后面喊："你穿这双鞋出去，要是感冒了我可不管你。"

下午回到家，她真的开始不停地抽鼻子——尽管她刻意不露出声响，我还是确定她有了感冒的前兆。想想她先前的固执态度，我的火气又冒了上来，对她好一番训斥。

等到吃了药，感冒好了后，女儿居然知趣地跟我道歉："妈，下雨天还真的不能臭美，下次我不会这样了。"

自那之后，下雨天她就会乖乖地穿上运动鞋或者水鞋，再也不用我提醒了。

再说说女儿的书包，总是胡乱地塞满了东西。一天，我给她整理书包时，发现她居然把水杯和书本放在一起。我对她说："水杯里有水，要是哪天你没盖紧杯盖，水洒出来，这些书全会打湿的。"

我好说歹说，她还是把我的话当耳旁风，把装饭盒和水杯的袋子扔到了一边。直到有一天放学回家，她发现好多书都打湿了——她那个心急火燎啊，马上躲在书房里，拿吹风机一本本地吹起来。

第二天，我发现她把书包里的东西归类好了，书放一边，饭盒和水杯用我为她准备的袋子装着。

听一个朋友说，她那两岁的儿子喜欢用脑袋撞墙。我问："孩子要是撞疼了怎么办，你劝他了没有？"

朋友说没劝，她就在旁边看着孩子用头撞墙，一下，两下，三下……一下比一下重，结果撞到第八下时，他就不撞了。

朋友总结：孩子自己撞过了，才知道疼。让他吃点亏，他才记得牢。所以，有必要让他自己去尝试，去体验。一些生活上的经验，也许真的只有让孩子亲历，他才会记得住，也才会不再犯同样的错误。

"书到用时方恨少，事非经过不知难。"孩子只有亲历了一些事，他才会逐渐成长。所谓"吃一堑，长一智"，说的也就是这个道理吧。

教育孩子，家长们不妨冷静地想想：让他吃点亏又何妨？

15. 拥抱能改变叛逆的孩子

嫚嫚今年十一岁了，看着她一天天长大，我心里有说不出的喜悦。仔细想想，自从她上小学后，我经常教导她要做个坚强、有主见、有担当的孩子，她一直表现得很好，从没让我操心。

只是，这一年她突然情绪多变，我说东，她往西，稍不如意就发脾气，动不动就哭——哭起来还没完没了，无论我怎么劝都没用。

女儿完全变了样，叛逆得让我头疼。

一次，学校组织亲子游，我和女儿坐在一排。大巴车摇摇晃晃，女儿打着盹，她虽极力仰着头，还是时不时地往我肩上倒。看着她痛苦的样子，我便对她说："累了，趴在我身上睡吧。"

女儿不好意思地说："你以前不是教导我'男女授受不亲'吗？待会儿同学会笑话我的。"

我一把拉过她，将她揽入怀里："我是你妈，怕什么。"也许很久没这么亲近了，女儿趴在我的腿上显得很拘束，我竟也有些陌生感。

然而，旅游回来后，女儿变了许多。看电视时，她会挨着我坐，没事还总爱黏着我。看得出，她很快乐，我也享受着与女儿彼此依恋的时光。

一天，她突然对我说："我觉得拥抱妈妈好温暖，以后上学前、放学后，我们都要抱一抱。"

那以后，拥抱成了我和女儿间的默契举动。我经常逗她："来，抱抱，这是谁家的孩子，漂亮，聪明，又懂事！"

女儿紧紧地抱着我，笑得很开心："就是你的女儿啊！"然后她把我抱得更紧了，对我说："妈，我爱您！"

我呆住了，她这一句高调的"我爱您"，让我顿时热泪盈眶。看着她，我恍惚回到她小的时候，那时她常常扑在我怀里喊"抱抱"。

于是，我决定要给女儿爱的回应，让温暖永存。"我也爱你！"在女儿的感染下，我的这张笨嘴竟说出了一直藏在心底的爱。

女儿再次变回来了，不再动不动就发脾气，写完作业后还会帮我做家务，洗碗、拖地，样样都抢着干。她也不再跟她爸爸抢电脑了，闲着时，她给爷爷奶奶讲笑话、做手工小礼物，哄得两位老人心里乐开了花，直夸道："好孙女！"

看着女儿健康、快乐的样子，我很满足。我也突然明白了一句话：经常被拥抱的孩子，心理素质要远比那些缺少拥抱的孩子健康和快乐得多——拥抱会让孩子重拾童年安全、踏实、温暖的感觉。

16. 跟孩子"正话反说"

"宝贝，你应该把头再低一点，这样你的姿势才会好看，嘴巴还可以舔到书本，多好啊。"看嫚嫚写字的姿势不对，我这样调侃道。

她马上意识过来了，笑了笑，挺直身子，把本子挪了挪，端端正正地坐好了。

看她改正了过来，我又打趣道："怎么啦？不是很想戴眼镜的吗？戴眼镜又漂亮，又方便。"

这下，女儿生气了，认真地说："我才不想戴眼镜，麻烦死了。我们班几个戴眼镜的同学，每次活动课都是蜗牛似的速度。"

看到"正话反说"收效奇佳，我转过身，偷偷地笑了起来。

午睡起床后，我发现女儿脱了外套，光着脚丫坐在地板上。

我见了，笑着对她说："呀，这样真好，等会儿就可以感冒了。感冒多好呀，可以打吊针，还可以吃药，全身上下都很舒服。"话音刚落，女儿马上起身，把衣服穿好，把袜子找出来麻利地穿上了。

以前，每每遇到这样的事，我便苦口婆心地跟她讲大道理。

比如，遇到她写字的姿势不对，我必定会说："手指离笔尖是一寸，腹部距桌子是一拳，眼睛距书本是一尺，你不坐好会近视，戴上眼镜不好看又麻烦。"

结果是，我说了好几遍，一遍比一遍大声，她这才极不情愿地坐正身子，然后朝我撇撇嘴。

每每看到她玩水，或是脱了外套光着脚板坐在地板上，我就立马对她说："地板多凉呀，你还光着脚跑来跑去，这样很容易感冒——感冒了要打吊针又要吃药，花钱不说，人还得受罪。"

我说了无数遍，她才极不情愿地穿上袜子和拖鞋，嘴上还嘟囔个不停："啰唆死了，就你话多。"

有时候，她还顶嘴，说我管她太多，我们的关系一度有点紧张。有一次，她上学忘了带语文书，被老师罚抄课文。我本来想就此事好好教育教育她，却发现她脸色不好，转而埋怨老师太狠心。

我这才想到试一下"正话反说"的方法，就对她说："没带语文书，被罚抄课文，这样也好，加深了记忆，又练了字。以后，你每天都别带语文书吧，这样那些课文到时候你都能默写出来了——考试是小菜一碟，第一名胜券在握呀。"

听我这么说，她破涕一笑，不再对老师的处罚耿耿于怀，还自我反省说马大哈的习惯真不好，并且会改掉，以后上学前都要检查一下书包。

我真没想到，巧妙的"正话反说"，不仅让沟通气氛更融洽了，女儿接受得也极快。体会到"正话反说"的好处之后，每每遇到类似的事，我便会加以应用。

17. 别因孩子"好心办错事"发火

一位家长说，昨天傍晚她出去买菜时突然下起了雨，她儿子担心她被雨淋，门也没关就跑出来给她送伞。结果，就在这当儿，她放在桌上的一块手表丢了。她回来后大发雷霆，把儿子狠狠地打了一顿。

听到这事，我高兴不起来。

本来，孩子主动给家人送伞，这种孝心是值得鼓励的，却因为他的好心造成了不良后果。孩子受到了打击，下次再遇到这种事，他肯定会迟疑不决。再说了，手表丢了，就算打死孩子也回不来了。

当家长遇到孩子"好心办坏事"，最好的解决办法就是首先肯定他的行为，然后说明坏事的后果，最后教他怎样好心办好事。

我想起前阵子发生在我家的一件小事。我过生日那天，一家人吃完午饭后，我因为疲倦便睡了。等我醒来已是下午四点，女儿在客厅里玩，发现我醒了，兴奋地跑到床边，对我嚷嚷道："妈妈，你快跟我来看。"

我过去一看，气得差点吐血，客厅的整面墙被女儿画上了一幅很大的画——刚刚装修好的房子呀，画成了那样。

女儿没觉察到我变脸了，还乐呵呵地说："妈妈，你知道我是怎么画上去的吗？你肯定想不到，我是站在沙发靠背上画的。我厉不厉害？"

她是那么的高兴，想得到我的夸奖，可我气得一个字也没有说。但当我看到上面的一行小字，还是有些感动——"妈妈，生日快乐！"

我想了一下，如果我直接数落她，以后她势必再不敢跟我表露心迹。唯一的办法是，肯定她的行为是好的，只是方法不对。于是，我很认真地对她说："宝贝，你画了这么大一幅画，妈妈谢谢你，但是，我希望以后你在纸上画画。家里刚刚装修完，花了不少钱，墙壁白白的才漂亮，以后可要注意哦。这样吧，这幅画我保留一个星期。"

女儿点点头，表示以后不在墙壁上画画了。

这幅画在我家保留了一个星期，女儿还骄傲地邀请了她的同学来看。一个星期后，我请人帮忙重新粉刷了墙壁。

这之后，女儿再也没有在墙上乱画了，而是会画在纸上。昨天，奶奶过生日，她还画了一幅画，悄悄地放在了奶奶的枕头下。

我想，如果照着前面那位家长的做法，我将孩子暴打一顿，她势必不会像现在这样充满爱心。如果当天我就请工人重新粉刷墙壁，那么对孩子孝心的肯定也一定会微弱得多。

在成长的过程中，孩子对每件事都充满了好奇，如果他想帮你，或者尝试新鲜感，难免会出现"好心办坏事"的情况。

此时，你心里一定有怒气，但不能当着孩子的面表现出来。相反，你对孩子的孝心要加以肯定，然后恰如其分地指出问题所在，那样他才会依然充满爱心，懂得孝道。

173

18.少买习题集，多买阅读书

快开学了，我在网上给女儿淘书。女儿看见了，一脸的怨气，说："妈妈，你别给我买那么多辅导书了，你上次买的还有几本是新的呢。"

我知道，她是厌烦我给她买那些习题集。我把她叫到跟前，给她看购物车里的书，她瞥了一眼，立马就眉开眼笑了。她急急地问我："妈妈，书什么时候到呢？"

我说大概要三五天。她听后，一副很期待的样子。

这次，我除了给她买了两本教辅书，其余的清一色都是课外阅读书，里面有《童话故事》《每日一诵》《经典诵读》，反正都是女儿喜欢读的。

这下，她再也不抱怨我了。

上学期开学，看到网上搞促销活动，我一下子买了300多块钱的教辅书给女儿。其中，80%是习题、试卷和教辅。

我本以为这会给她一个惊喜，没想到她看到书后，一脸愁容地对我说："妈妈，大家都在说减负，你这哪是减负啊？你看我的书包里全是这些书，背来背去都累死了，更别说一本一本地做了。"

这倒也是。每次背女儿的书包，我都压得肩膀酸痛，何况她只是个

174

八岁的小女孩。我从那些教辅书中找了几本给她做练习用，一多半束之高阁，根本没派上用场。

老师也说："现在不流行'题海战术'了，习题买一两本就够了，学校里本来就发。孩子都八岁了，多看点课外书，能增加词汇量，培养孩子良好的阅读习惯才是最重要的。"

女儿更是放言道："妈妈，以后你别再给我买习题书了，我讨厌这些。"

我承认，买这些书既浪费了金钱，又浪费了心力，更让女儿对我怨恨有加。所以，以后再买书，我买的多是课外阅读书。

这次给女儿买的阅读书很快就收到了，她很高兴，一直说这是我送给她的最好的开学礼物。我反问道："你不是说不让我给你买书吗？现在怎么这么兴奋？"

女儿狡黠地一笑，把书扬了扬，学着电视里打广告的腔调："这些阅读书，我值得拥有！"

19. 女儿捐赠爱心书包

"妈妈，你知道吗？刚刚电视里说，那里的小朋友连橡皮泥都不认识，以为是糖果，拿到嘴里吃。真有意思，我明天要讲给同学们听。"

女儿说完，呵呵笑起来。

我走过去一看，女儿看的是一档有关"爱心书包"的公益节目。嘉宾讲到山区贫困孩子的现状，说第一次去山区，他带了些糖果味道的橡皮泥，孩子们高兴极了，以为是吃的，赶紧塞进了嘴里。

这些孩子多苦呀，连橡皮泥都没见过，可女儿不能理解，当笑话讲了出来，确实有些不合时宜。

我马上放下手头的事，在网上搜索到"善行100"的活动网页。然后，我对女儿说："这是个公益活动，可以把新书包捐给需要它的孩子。那些孩子，很多东西他们都没见过——你看呀，橡皮泥，有颜色又有香味，跟糖果看起来特别像，这些孩子以为是糖果，这是可以理解的。因为，他们根本就不知道这是一种与铅笔一样的普通文具，可以捏成各种形状。"

"为什么呢？"女儿问我。

想了想，我在网上找到一些贫困山区里面孩子的照片，一张一张地把那些照片放给她看。我一边给她看，一边解释："你看，这里的孩子多可怜，快开学了，他们没有漂亮的衣服穿，没有新书包，每天上下学还要走十几里山路。放了学，他们还要砍柴、喂猪，帮家里做很多的活儿。"

女儿认真地看着，眼睛里的神采渐渐地淡了，我趁势教育她："你应该珍惜现在的幸福生活，饭吃多少盛多少，衣服有得穿就行，不要求都要新的。还有，以后你也帮妈妈多做点家务，要做一个像他们一样懂事的好孩子。"

女儿点点头，然后转身去了自己的房间。没多久，她把储蓄罐取了出来，郑重地对我说："妈妈，我要给他们捐一个爱心书包，这样，他们中的一个同学开学后就有新书包啦。"

我没想到女儿会提出这样的要求，面对她的善心，我想都没想就答应了，并跟她一起整理那些零花钱。

我们这个小城市没有这样的公益活动，我只好托在北京上班的同学给我办理。同学听闻后，夸奖了女儿一顿，马上去办理此事。

一个多星期后，一张写着女儿名字的爱心书包回执单便到达我的邮箱里，我拿给女儿看，她高兴得手舞足蹈。她说，她要向同学们宣传这样的活动，让更多贫困山区的孩子拥有新书包。

20. 孩子，我只能给你三种爱

新学期送女儿上学，我陪她做了个"走学族"，每天来回走路一小时，风里来雨里去。但走了一段时间后，她渐生不满。

那天下着雨，一辆小汽车极速驶过，溅得走在人行道上的女儿的裤子开满了"泥巴花"。她突然委屈地对我嚷嚷："凭什么人家的孩子有小车接送，我就只能凭两条腿上学？我们家的车子放家里生锈啊！"

看着女儿的眼泪快下来了，我赶紧对她说："如果坐车，你能看见这么漂亮的菊花吗？你不是一直夸菊花漂亮，到时咱家院子里也种上一

片吗？如果不走路，你那50斤重的块头能减下来，变得这么漂亮吗？你这几个月感冒都少了，不走路，你能这么身体健康吗？"

她被我唬得一愣一愣的，破涕为笑。但没过多久，她又开始为自己鸣不平了："妈，好多同学都买了学习机，你也帮我买一个吧。"

我明确地拒绝道："不行，你现在上课好好听讲就是了。学习机看多了眼睛痛，到时成了近视眼，怎么能嫁给白马王子？你看哪个白雪公主是戴着眼镜的？"

她撇了撇嘴，不再跟我要学习机，但好几天都在说我小气，说我不爱她。

我又好气又无奈：孩子，其实你是妈妈最心疼的宝贝啊，可妈妈不想娇惯你。在物质上，我只能满足你的日常生活所需，额外的不是负担不起，而是不想负担。作为一个非常爱你而又非常期望你健康成长的妈妈，我只能给你三种爱。

我只能给你身体之爱。

在你上下学时，我会给你一个大大的"熊抱"："亲爱的，来，拥抱一下吧。"

在我空闲时，我也任由你在我怀里像个小兔子一样拱来拱去。如果你心情不错，还可以放肆地抱着我的脖子，爬"妈妈牌"大树来炫耀你的灵敏——妈妈想让你成为一个有爱的人。

我只能给你感受之爱。

孩子，我不会吝惜我对你的赞美，在我洗衣服而你为我搬来小板凳时，我会说："宝贝，妈妈爱你。"

在你画了一只像猫的狼，我评价说这是只"猫狼"时，我会告诉你："宝贝，你真是我的小天使，妈妈被你逗笑得肚子疼。"

我不仅积极地向你表达我的爱，也会引导你对周围的人表达自己的爱。

"爷爷，我爱你，你要少吸烟，要等着我有钱了带你去旅游。"

"奶奶，我爱你，你要活到一百岁，我会给你买很多棒棒糖。"

你的爱让家人很温暖，我们都很快乐。

我只能给你人格之爱。

孩子，在你与100分擦肩而过，内心极度失落时，妈妈会告诉你："你在妈妈心里是最棒的，下次考好就行了。"

在你的某个同学遇到困难时，我会善意地提醒你，把你的压岁钱拿出来捐给她。周末，再让你邀请她来我们家做客。

孩子，我想让你养成积极、阳光、有爱心、有责任感的人格特质。

孩子，妈妈不能给你太多物质的东西，但我会给你这三种爱。我想，你拥有了这三种爱，一定能健康快乐地长成参天大树。

第五辑

还给孩子快乐的童年，
陪同他慢慢长大

　　爱是人类最美的语言，对孩子大声说出爱吧。一个长期在爱的环境里的孩子，一定会向上、向善、阳光、积极、知足、快乐、幸福。

　　用"爱"喂养，比穷养、富养都好得多。因为，用"爱"喂养大的孩子，他会懂得感恩，而我们也正是希望他将来成为这样的人。

1. 允许孩子"三分钟热度"

蕊蕊想养一条泰迪犬，她央求了我几次，并承诺以后会管理小狗的饮食起居。我看着泰迪犬也着实可爱，便答应了她的要求。

起初几天，女儿给狗喂食，洗澡，倒便盆，忙得不亦乐乎。但一个星期后，她就嫌狗难养，不搭理它了。

我说："你才难养呢！说的话一点都不算数，做什么事都是三分钟热度。"

她娇嗔起来："妈，我哪知道养狗这么费事呀，原谅我好吗？"

看着女儿可怜兮兮的样子，我虽有怨言，但也不好再责怪她。因为我也没时间照管狗，只好将它低价出售了。

没过多久放寒假了，女儿喜滋滋地制作了一张作息时间表，客厅贴了一张，书房贴了一张——什么时候起床，什么时候做作业，什么时候休息，她都规定得一清二楚。

她还眉飞色舞地告诉我："妈妈，你也在手机里拍一张吧，如果我不按照这张时间表做，你就提醒我。"

我想想也是，便照办了。

第一天，女儿严格地按照作息时间表，一条一条地对着来做，过得

充实而快乐。我为她的懂事感到高兴。

第二天早上，她醒来后对我说："妈妈，我上完洗手间，就起床做作业去。"

我心里好一阵窃喜，平时喊她都喊不起来，这次竟然主动起床，而且是去做作业，确实精神可嘉。可正当我高兴得想笑出声时，她钻进了被窝，喊冷，说还是被窝里舒服。

我立马问道："你不是要起床做作业吗？你不是要严格按照作息时间表生活吗？"

她斩钉截铁地回答："妈，今天天气实在太冷了，你没看到外面下雪了吗？这几天，我不能遵循作息时间表了。"

我有些哭笑不得，还让我监督呢，根本就是三分钟热度，仅仅坚持了一天就放弃了。

一连几天，女儿都玩得很嗨，完全没执行自己设计的作息时间表，全然把这个计划抛到了脑后。我再次问起，她不好意思地说："啊，下次吧，等暑假的时候，我就按照作息时间表来。"

那天，我跟老公抱怨女儿的三分钟热度，他呵呵地笑了起来，说道："你呀，你不也跟她一样吗？非要买跑步机，可买回来你锻炼了几次？家里的营养素放到过期，你也没吃过几粒。你在网上淘东西，好多都是由于三分钟热度买的。"

听到这里，我不好意思地笑了起来。可不是，作为家长的我，一样的三分钟热度，常常突然就头脑发热，想干这个，想买那个。结果，什么都试了试，觉得不合适就放弃了。

是啊，我们大人都免不了三分钟热度，何况是孩子？孩子都喜欢新鲜事物，我们要支持他接触新鲜事物，体验生活，但也要尊重和理解他的三分钟热度。

给孩子尝试的机会吧，这是家长最应该给他的爱。

2. 善待孩子的顶嘴

下班回到家，发现女儿嫚嫚的书包脏兮兮的，我气就不打一处来，于是忍不住教育她："前天才给你洗的书包，今天就这么脏了，你珍惜点别人的劳动成果行吗？"

她正在做作业，头也没抬地回答："我这算干净的，你去看看我们班其他同学的书包，那才真叫脏！"

看她理直气壮的，我把书包拿到她面前，指着一块儿很大的污迹对她说："你看，这里还不算脏？以后把书包弄这么脏，我懒得给你洗。"

本想在"物证"前她会虚心地接受批评，哪知她一副毫不在乎的样子，对我说："你爱洗不洗，我又没让你洗。"

一种挫败感猛然向我袭来，我感到很气。老公怕矛盾升级，赶快拉开我，对我说："你一天工作这么累，跟个孩子计较啥？脏就脏呗。"

正在气头上的我，恨恨地对女儿说："以后我说话，你要敢顶嘴，看我怎么修理你！"

听到威吓，女儿委屈地伏在桌上，眼泪往外涌，但仍旧不松口："那要看大人说的是不是正确——拥护不正确的观点和看法，那叫盲从。"

女儿的一张巧嘴说得我无言以对，我暗暗发誓，一定要扳回这种局面。于是，以后我只要说完一句话，就马上加一句："你要是敢反驳我的话，看我不修理你。"

有好几次，女儿的嘴张成半圆，但马上又收了回去。看她那极不情愿又必须听从我训斥的样子，我心里乐开了花。

但后来我发现，女儿越来越不快乐了，而且我让她回答问题，她常常"哦""啊""嗯"地回答我。遇到高兴的事，她也不像以前一样叽叽喳喳地跟我说个不停了。

直到有一天我看了一本书，里面说孩子跟家长顶嘴不可怕，可怕的是他什么也不说，因为那说明你已经失去他的心了。

我意识到了自己的错误，于是找女儿推心置腹地聊了一会儿，告诉她以后会善待她顶嘴，只要她是正确的，我就接受。女儿也诚心诚意地向我道了歉。

看着女儿脸上又恢复了快乐、自信的笑容，听着她叽叽喳喳地又在我耳边吵闹不休，我这才如释重负，开心地笑了。

3. 批评孩子要见好就收

女儿上英语补习班，居然忘了带课本，老师打来电话说，这几堂课很重要，让我帮忙送过去。本来，我手头有一堆事要处理，但碍于老师的面子，只好放下工作，帮女儿送去。

学校离家有些远，我从公司打车先回家给女儿取书，然后马不停蹄地跑到学校。见到女儿，我实在气不打一处来，责问她为什么做完作业就不知道整理一下书包，只知道玩耍。

女儿委屈地辩解道："我记得放到书包里了呀，早上我还看见了。"

看她一点悔意也没有，我嗓门提高了八度："一本书难道长腿了，你放进书包还会再跑到沙发上去？明明就是不长记性，贪玩！以后你自己看着办，我怎么也不会再帮你送了。"

此时正是下课期间，女儿的同学都围拢了过来。我拨开人群，丢下一脸伤心的她走开了。

回家后，女儿一脸的不高兴，像是有人欠她钱不还似的。我知道我当着同学的面批评了她，自尊心要强的她觉得很丢面子，但我心里还是气，她那马大哈的毛病我不知说了多少遍，她总是不知道改一改。

我便数落她道："你看你，就因为没带书，耽误我上班有两个小时，当时我手上有一份重要的合同没处理完，只好带回家晚上加班弄。你不

处理好自己的事，还连累我，太不像话了。"

女儿没说话，气冲冲地进屋去了。

周六去超市采购生活用品，碰到女儿的老师，她说女儿这阵子的表现不如人意，上课不是开小差，就是跟人讲话，完全不是原来乖巧、懂事的样子了。看我有些惊讶，老师说："孩子现在正是叛逆期，你是不是做了什么让她不开心的事？"

我想了想，便和盘托出那次我批评她的事。

老师说："批评孩子得有个度，让她知错就好了，不能没完没了。她的马大哈习惯要改，你这坏毛病也要改。"

吃晚饭时，女儿又打碎了一个碗，我批评她马大哈，连饭碗也端不好。她扔下筷子，我看见她眼眶里有泪花在打转，突然想起老师的话，立马转变口气跟她说："哪有碗打不碎的，以后注意就行啦。马大哈这毛病，我相信你能改掉的。"

女儿这才破涕为笑，说："妈妈，我知道自己有好多坏习惯，我会慢慢改的。"

看着她高高兴兴地又拿起碗筷吃饭，我心有余悸：若我还是像从前一样抓着她的错误不放，一个劲儿地唠叨，估计这顿饭我们肯定都会吃得不开心。

批评孩子要做到见好就收，因为无休无止的批评只会适得其反，特别是正处于青春期的孩子，逆反心理强，你越批评他，他越会背道而驰。

孩子都是聪明而敏感的，有些事只要稍微提醒和指点，他就会马上明白和改正过来。做个"会批评"的好家长，也是一门学问。

4. 允许孩子慢慢想

周末，女儿邀请了几个伙伴来家里玩。我有意试探她们的理想，便问道："你们将来都想做什么呀？"

一个女孩子自告奋勇地说："将来呀，我想做一名医生。"一个男孩子马上接口道："我将来想做一名科学家。"另一个男孩子说："我将来也要做一名伟大的科学家。"

轮到女儿发言，她选择了沉默。伙伴们都在催她，她只是微笑着一言不发。我恨铁不成钢地说："她呀，她最大的梦想就是做一名伟大的吃货。"

孩子们听到我这样说，都笑了。女儿撇了撇嘴："我才不要做吃货。"

"那你想做什么？"

我期待她说出自己的理想，她却摇了摇头说："我还没有想好。"

望着她的伙伴都早早地树立了理想，我对女儿失望极了。树立一个理想就那么难吗？我真是不解。

"你都九岁了，连一个梦想都还没想好，将来能有啥出息呀？这个星期天，一定要告诉我答案。"我丢下这句话，失落地走开了。

晚上，我打扫卫生时无意中发现了女儿的作文本，她在一篇《我的

理想》的作文里这样写道："妈妈一直说，我们要从小树立远大的理想，可我不知道我的理想到底是什么。我有时候想做医生，挽救病人；有时候想做老师，教孩子们知识；有时候想做科学家，发现宇宙的奥秘；有时候想当发明家，发明机器人代替人们劳动……我的理想太多了，又不断地变化着，我真不知道到底会是哪个。"

我恍然大悟，原来她也想过将来做什么，只是还不确定。

老师给她的评语是："人有理想很重要，但还没想好也没关系。人生路很长，我允许你慢慢想，等你哪天想好了，确定你的理想了，一定要第一个告诉老师哦。老师相信，你一定会确立远大的理想，并且会实现它。"

老师极力呵护着女儿小小的自尊，我却无情地打击了她，觉得她是一个没有梦想、没有前途的孩子——相比之余，我突然有些汗颜。

人生路很长，确立理想不是一朝一夕的事。理想也不是空想，而是树立之后必须为之不懈努力。女儿对此慎重，也说明了她对确立理想一事的重视。

于是，我在她的作文本上也写了一段话："孩子，树立理想是一个长期的过程，妈妈太急于求成了，我允许你慢慢想。"放下笔，我想象女儿翻到那一页时，她会露出微笑以及愉快而放松的心情。

我也相信，在不久的将来，她会骄傲地告诉我："妈妈，我有一个理想……"

5. 帮助孩子找到"幸福感"

小妹最近换了一辆新车，我把这个消息告诉七岁的小女儿，她惊喜地说："小姨又换车了啊，真幸福。"然后，她有些丧气地说，"小姨开超市挣大钱，换新车，姐姐比不上妹妹。"

我开始没有回过神来，待细细品味她说的话时，突然觉得好难受。孩子这么小就已经有了攀比心理，而且她从经济条件上就断定我过得没有她小姨好。

我试探地问："为什么说姐姐比不上妹妹？"

她回答："你看啊，小姨家的房子是新装修的，漂亮极了。她又开了家新超市，现在又换了新车。我们家比她家差远了啊，我真不幸福。"

我惊讶极了，不相信这是从一个七岁孩子嘴里说出来的话，一时间不知道该如何回答。

确实，我们家的经济状况不怎么好，我和老公都是上班族，几年前才有了一套一百平方米左右的二手房。去年，我们才买了一辆代步的小车，车价不足小妹的四分之一。

比起小妹家，我们家的经济条件确实差很多。但是，我们抚养两个孩子，赡养三个老人，一家人都相亲相爱的。更重要的一点是，我们一直不抛弃，不放弃，为了理想打拼，日子一天比一天好了。我感觉，我

们一家人是幸福的呀。

想到这里，我认真地对女儿说："宝贝，你知道吗？我们家虽然不富裕，但你是幸福的。你看，我跟你爸很少吵架，没让你生活在一个天天吵闹的环境里，这是不是一种幸福呢？"

女儿点了点头。她说班上有好几个同学上课时莫名其妙地哭了，老师一问，是父母吵架了。

我继续说："你看，我们家虽然生活条件不是太好，但好歹有房有车，比上不足比下有余。你知道吗？有的同学生活条件一般，父母外出打工，只能由爷爷奶奶带着，你整天有爸妈陪着，所有的愿望我们都能尽量满足你，相比而言，你是不是很幸福？"

女儿又点点头，很认同地说："确实，我们班的东东同学，他说一年才看到他爸妈一次。我们班还有个同学没爸爸，他爸爸好早就得病去世了。"

看到她紧锁的眉头舒展了开来，我知道她已经找到幸福的感觉了，又补充道："你看看，我刚刚跟你说的这几件幸福的事，是不是与钱一点关系也没有？"

"是的呀，妈妈。"

"其实呢，你内心感觉幸福，你就是幸福的。现在你摸着自己的胸口想想，我们一家人甜蜜地生活在一起：爷爷奶奶，爸爸妈妈，姐姐，我们时刻陪伴着你，给你无私的爱与关怀，你是不是觉得很幸福？"

女儿闭着眼睛，深吸一口气，然后高兴地回答："妈妈，我现在真的感觉自己好幸福，谢谢你。"

孩子都有攀比心理，我们要让他从小就明白，他生在这个家，其实是一种幸运。我们要偶尔跟孩子一起找找"幸福感"，让幸福感充盈在他心中，他才不会有心理落差，才会为这个家骄傲，才会更有信心和勇气面对未来。

6. 与多动症女儿一起成长

在女儿刚刚会走路的时候，我就发现她很好动。听别人说，现在很多孩子有多动症，我心里就有隐隐的担忧。

后来，随着女儿渐渐长大上了幼儿园，老师不断地跟我唠叨，叫我好好管教她，我的担心变成了事实。老师说女儿不守规矩，从来不好好排队，喜欢到处走动；上课时在座位上扭来扭去，小动作多。

我听了，心里很难受。回到家，我跟女儿说："你知道老师跟我说你什么了吗？"女儿低着头，不作声，一副很害怕的样子。估计她在学校里挨了批评，知道老师肯定没说她的好。

我把到嘴边的话咽了回去，改变了态度，对她说："妈妈永远信任你，你在妈妈心中永远是最棒的孩子。当然，你也有缺点，但妈妈相信你会去改正——妈妈给你机会和时间！"

女儿的眼睛马上亮了起来。

我请教过同样是多动症儿童的妈妈，她们说分豆子不仅能增加孩子

生活的趣味性，还可以磨炼孩子的忍耐力。为了锻炼她的耐性，我买了许多红豆和黑豆回来，把它们混在一起，然后我跟她举行比赛，看谁先分清那些豆子。

我经常跟女儿说："你真是太贪玩、太好动了。"上了小学后，她也意识到了这一点，跟我说："妈妈，我真的想努力坐好，可我坐不住啊！"

我安慰她："没事的，你只要努力了就好，妈妈相信你！"就在这种没有压力的状况下，女儿的成绩一直偏下，直到小学四年级。

那次期末考试结束，女儿的班主任告诉我，说女儿的成绩很糟糕。我就跟她说："老师讲，你要是这样下去，可能会留级。"

女儿着急了，说："我不想留级，妈妈你帮我补补课吧。"我说："这次补补可以，但你不能总是依赖我，自己的事要靠自己去解决。"

女儿点点头。

那个暑假，女儿天天把自己关在书房里学习，遇到不懂的问题就跑来问我。看着她破天荒地懂事起来，我真的很欣慰。最终，她没有留级。

现在，女儿已上初中二年级了，成绩属于中上水平。她说，她不会让我失望，会把成绩赶上去。

我确信，好父母成就好孩子，每个好孩子的背后总有好父母——只要家庭教育方法得当，一定可以培养出好孩子。

7. 有一种幸福是看着孩子长大

经过楼下走廊的时候，女儿蕊蕊突然大叫起来："妈妈，这墙上写着我是猪。"

我回头一看，果真有一行歪歪扭扭的铅笔字，写着："刘馨蕊是猪。"我知道她不喜欢猪，喜欢猫呀狗呀的小动物。看着她极不高兴的样子，我哄劝道："这不是'猪'字，是'猫'字，小猫的猫。"

其实，我心里惊喜极了，心想，蕊蕊刚上小学一年级，这个字根本没有学过呀。但她斩钉截铁地说："这个就是'猪'字。你看，右边是这样写的，横、竖、横、撇、竖、竖折……"

我问道："你怎么知道这是'猪'字呢？"

"妈妈，你忘了呀，我前阵子看了一本漫画书叫《猪猪侠》！"

我这才记起来，那天去图书馆借书，我念了一遍那本书的名字，哪知她就记下了。看着她认真的样子，我觉得有趣极了。自从她上了一年级，认了一些字，每每看见广告牌，她总是会大声去读上面的字。

刚刚读幼儿园大班的时候，她连自己的名字都不会写，连几个苹果也都数不清，如今能完成一百以内的加减法了。我窃喜地看着她，感受着她的进步，心生骄傲，幸福溢于言表。

我夸她："宝贝，你真棒，连'猪'字都认得了。"

原来，看着孩子成长是一件幸福的事。

"妈妈，我也要一辆自行车，两个轮子的。"她见我骑着自行车穿行在大街小巷，突然心生羡慕，让我帮她也买一辆。她还说，她的平衡能力极好，骑自行车应该不难。

我将儿童车的防摔后轮取了下来，她推着车就跨上去了，结果摔了一跤。我赶紧去扶她，她却摆摆手，又跨上去，咬牙切齿地说："我一定要战胜你！"

我教她怎么起步，怎么掌握方向，扶着后座耐心地教她骑车。经过一上午的练习，她就可以平稳地骑着单车转悠了，根本不需要我再帮忙。她高兴极了，大喊起来："妈妈，我也可以骑两个轮子的车啦！真神奇！"

是啊，真神奇。我看着她，她看着车，我们都满意地笑了。

我总是觉得，孩子本身就是一件最神奇的礼物。从娇小的婴儿，渐渐地到会坐了，会爬了，会走了，会笑了，会咿呀学语了……稍大一点，还会发小脾气，跟你争辩。然后，你看着她渐渐懂事了。她有了小心思会告诉你，比如她最喜欢班里的谁，还会偷偷地给你小惊喜，比如给你送个小礼物。

孩子的成长不是他一个人的事，你需要陪着他——陪他度过精彩的时刻，体会他的喜怒哀乐，见证他的进步，那是为人父母最幸福的事。

有一种幸福是看着孩子长大！

8. 别让孩子缺父爱

女儿读小班时，邻居阿彩生了个儿子，她喜滋滋地抱着儿子来我家串门，然后就有了下面这个场景：向来有传宗接代观念的婆婆见了阿彩的儿子，又开始动心了，她拉着女儿问："妞妞，咱们也要一个弟弟好不好？"

女儿斩钉截铁地说："不要。"

婆婆又不甘心地问："真不要？"

女儿还是回答得很干脆："打死都不要。"

听阿彩绘声绘色地跟我描述完上述场景，我笑得差点跌倒在地。这孩子还真不愧是我的女儿，跟我一个鼻孔出气，知道我最讨厌那种"重男轻女"的封建思想。

我窃笑后不禁又想：一个三岁大点的孩子，她知道什么是"重男轻女"吗？她为什么会那么回答呢？思来想去，我记起几天前跟老公视频聊天，刚好女儿放学了，我就想让她跟爸爸说说话，培养一下感情。没想到，她礼貌地喊了一句"爸爸"后就走开了。

我问她："干吗不跟爸爸聊天啊？"女儿说："我不喜欢男生。"

她的这句话把我逗笑了。我跟老公复述后，他也笑得挺开心："这么小就知道这个歪理，哪儿学的？"

可是，我没有追究过她为什么不喜欢男生。是因为有男同学欺负她吗？没听老师"投诉"过啊。为什么不喜欢有个弟弟呢？是因为有人给她灌输了有了弟弟会分走父母的爱的思想吗？也不是啊。

女儿放学后，我怀着好奇心，套用婆婆的话跟她深谈了一次，但她还是以同样的话回答了我。我追问："你为什么不喜欢有个弟弟啊？"

女儿的回答倒是让我大跌眼镜："因为男生不漂亮。"

一次，我听老师说，女儿在学校里表现得内向、胆小，根本不跟男生来往，即使做游戏也只跟女生在一起。

"这孩子有性别歧视，你得让她多接触男性，要不以后会影响性格的发展。"老师笑着说。

我后来反省，老公在外地工作，一年半载难得回家一次，女儿一直由我和婆婆带着，家里经常就只有我们三个女的。我的朋友也都是以女性居多，女儿就跟男性接触得少了。因此，她才会排斥男性，认为男生不漂亮。

肯定是因为父爱的缺失，女儿才变得如此胆小，不爱跟男生交往的。找到症结后，我便特意带她到楼下的花园里玩，那里有很多比女儿大的男孩女孩一起嬉笑玩乐。

起初，女儿不乐意，后来熟识了，她就开始屁颠颠地跟在哥哥姐姐后面了。大点的孩子都有很强的保护欲，女儿被他们宠着护着，不久她就消了戒心，逐渐开朗起来了。有时候几天没下楼，她就嚷嚷着要去找哥哥姐姐玩。

父爱是无法替代的，爸爸的坚毅、果敢、进取、宽容、理性和逻辑思维等优秀的品质，都是妈妈无法传授给子女的。

为了让女儿形成健全的性格，让她在有父爱的环境里成长，我跟老公说了这件事后，他也认识到自己忽略了女儿的成长，并决定在有限的时间里让女儿充分地享受父爱。

于是，我跟老公商量，工作再忙，他一年内也得回家三次。在家期间，他必须跟女儿进行亲密接触，跟她一起做游戏、逛街、看书，让她充分体验与爸爸在一起的亲子之乐。

每次，老公打电话来，我都会鼓励女儿跟爸爸交流。起初，她没有什么话题可聊，后来我就引导她从鸡毛蒜皮的小事说起，比如吃了什么菜，穿的什么衣服，同学之间发生的趣事……

聊得多了，女儿跟爸爸亲近了许多。再碰到老公跟我打电话或视频聊天，她会主动对我说："妈妈，让我跟爸爸讲会儿话！"

女儿碰到难题，我也会主动把解答的任务交给老公，对她说："妈妈真的不懂这个，你去请教爸爸吧。"电话里，老公心平气和地为女儿解释来龙去脉，教导她做事的方法。她听后，豁然开朗了。

因为老公的鼓励与支持，再加上他在女儿眼里无所不能，她开始把爸爸变成崇拜的对象。她越来越自信，安全感也越来越高，如今她健康快乐、开朗大方，这一切都与老公的教育和影响有关。

父爱对孩子的成长很重要，即使爸爸工作繁忙，或者远在异地，也要想办法让孩子感受到父爱，这样他才会健康快乐地长大。

9. 孩子需要用"爱"喂养

我看过一则视频，内容是这样的：爸爸开宝马车送女儿去上学，在路上对她说："爸爸现在没时间陪你，等爸爸再挣了很多的钱，就送你上最好的学校。"女儿听后，认真地回答："爸爸，等我以后挣了很多的钱，就送你上最好的养老院。"

我看后唏嘘不已。送孩子上最好的学校，这是爸爸理解的最好的爱。而送爸爸进最好的养老院，是孩子眼中对爸爸最好的爱。殊不知，无论对于父母还是孩子，陪伴才是给他们最好的爱。

这也让我们看到，孩子童年时若缺少陪伴，他会感觉不到温暖，将来他只会以同样的方式来对待你。

我们究竟要怎么养孩子？很多家长说，男孩要穷养，女孩要富养，并摆出一大堆事例来说明这样养孩子的原因。

其实，我想说，穷养、富养都不如用"爱"喂养。

我的老家，很多留守儿童因为长期缺乏父母的关爱，走错了人生方向。其实，他们个个聪明伶俐，却因为父母在外地工作挣钱，一直被忽略，所以没有形成爱的观念，以致在后来的婚姻生活里，他们也不懂得爱与被爱。

所以，我的孩子出生后，我就想，将来无论条件多么艰苦，我也要给她足够的爱，来支撑她未来的日子。

用爱喂养，多陪伴孩子。

我见证了女儿生命中很多重要的第一次：第一次走路，第一次上学，第一次戴红领巾，第一次参加运动会……这些重要的时刻，我的陪伴与参与都是对她最好的爱。

用爱喂养，多跟孩子沟通。

对孩子不能专制，我们要把他当成朋友一样，给予他足够的理解和尊重。多问问他原因，而不是呵斥他，或者武断地判定他错误。我们可以利用吃饭或散步的时间，问问他在学校里遇到的趣事，耐心地倾听他的想法与见解。因为，你只有走进孩子的心里，他才会更加亲近你。

用爱喂养，多带孩子进行户外活动。

逛公园，户外运动，短途旅行……跟孩子一起互动，一起欢笑，不仅能增加亲子互动的效果，调动他对生活的热情，也能成为他最幸福的回忆。

用爱喂养，多给孩子送"精神礼物"。

家长要给孩子定一个他可以达到的目标，而不是将目标定得太高。与孩子一起养成好习惯，而不是他在一旁写作业，你在一旁玩游戏。当孩子的好老师，经常告诉他做人的道理。这些都是送给他的"精神礼物"。

爱是人类最美的语言，对孩子大声说出爱吧。一个长期在爱的环境里的孩子，一定会向上、向善、阳光、积极、知足、快乐、幸福。

用"爱"喂养，比穷养、富养都好得多。因为，用"爱"喂养大的孩子，他会懂得感恩，而我们也正是希望他将来成为这样的人。

10. 女儿的六一采访稿

六一儿童节前夕，女儿所在的学校举行征文比赛，她决定写一篇《我的妈妈过六一》参赛。

周末大清早，女儿举着自制的"话筒"走到我面前，一本正经地说："妈妈，今天我们来谈谈当年您是怎么过六一儿童节的吧。"

还别说，女儿真有小记者范儿。她问我的第一个问题是："妈妈，您小时候是怎么过六一儿童节的呢？"

我顿了顿，告诉她："那时我们过六一儿童节，一般是上午表演，下午休息。大概5月初，各班就早早地开始筹备节目了，表演的节目多半是合唱和舞蹈。为了争得好名次，老师和同学们都鼓足了劲儿，《少先队队歌》《让我们荡起双桨》等歌曲，我就是在那时候学会的。

"我们学校的操场小，每年六一儿童节，我们只好去镇里的电影院表演节目。电影院离学校有两里多路，我们个个化着妆，穿着清一色的白衬衫，外加两道白条的蓝裤子，在老师的带领下，排着长队浩浩荡荡奔向目的地。那场景，现在想来都激动人心。

"表演完了，学校就会颁发'优秀学生奖''优秀班干部奖'。那时我当班长，每年都能得到好几个奖品。"

听我这么说，女儿哦了一声，却一脸淡定地接着问："请问您最难忘的是哪个六一儿童节？"

我想了想，告诉她："小学四年级，那年六一儿童节前夕，我的脸突然肿得老大，去医院检查，医生说化脓了，要做个小手术。那天是你姥爷带我去的医院，手术后我大哭了一场。

"为了哄我，你姥爷便问我要什么礼物，我说想要一双水晶凉鞋。本以为他不会给我买，但他犹豫了一下，还是帮我买了一双。那双鞋是粉红色的，上面各粘着一只白色的塑料蝴蝶，很漂亮。这么多年过去了，那双鞋的样子还一直留在我的脑海里，挥之不去。"

女儿叹了口气，说："一双水晶凉鞋就能让您这么难以忘怀，那双鞋肯定很漂亮了。"她指了指她脚上的红色凉鞋，又问，"有我这双鞋漂亮吗？"

我点点头。

她有些怅然，倒是没忘记她的"采访任务"，很认真地又问了最后一个问题："妈妈，您还想过六一儿童节吗？"

我脱口而出道："想，怎么不想，我做梦都想再过一次六一儿童节。你看你多好，无忧无虑的，但你不知道妈妈的压力有多大，要工作，还要照顾你。每次加班我都在想，现在要是生活在没有压力的日子该多好啊。"

问完问题后，女儿跑进了书房，可我的思绪却飘向了单纯快乐的童年时代。

晚上，我悄悄走进书房，发现女儿在本上写下了这样的话："妈妈的六一儿童节一点也不精彩，但她还是无限神往。如果我能邀请妈妈跟我一起过儿童节，让她体验一下现在的儿童节，她该多么幸福啊！"

我看后很惊讶，差点笑出声来。

11. 家有小小"监督员"

我正在厨房择菜，蕊蕊跑进来说："妈妈，姐姐写作业离本子太近，我刚提醒了她。"我问她姐姐是怎么回答的，她噘着小嘴，一副很委屈的样子："她说不关我的事。"

我又好气又好笑。

蕊蕊强忍着眼泪，但眼泪最终还是不听话地掉了下来。我赶紧安慰她："你就是我们家的监督员，你看呀，姐姐要是近视了，戴眼镜多不好看，你提醒得好。"

蕊蕊见我表扬了她，这才破涕为笑，又高兴地跑去监督姐姐了。

蕊蕊人小鬼大，心细如发，这让她爸爸很是得意，说是遗传了他的优点。

我洗衣时常常会忘记放下水管，蕊蕊见了，总是一声不吭地帮我取下来放好。我出门常常会忘记拿钥匙，她总是乐颠颠地跑回去，找来钥匙放到我的手包里，但她不会怨我，也不会得意扬扬。

但有的时候，我还是免不了受到她的"指责"。比如，如果我忘了关水龙头或者忘了关灯，她总是一副小大人的模样"训斥"我："妈妈，我们老师说了，这是浪费资源，下次你可要记住了。"

我点头称是："那是当然，下次妈妈一定不会再犯了。"

老公回家后，一家人坐在一起吃饭，正吃到一半，蕊蕊突然停住了，她发现了新大陆似的叫起来："爸爸，你吃饭要扶着碗，像我这样。"她做了个示范动作，让爸爸照着做。

老公哭笑不得，只好照做。饭后，他刚想抽烟，蕊蕊认真地说："爸爸，抽烟对身体不好，我已经说过很多次了。"

老公有些不好意思，以后就不当着我们的面抽烟了，而是躲在楼道里过瘾。但有时候蕊蕊碰见了，她这个监督员看自己能力有限，只好搬出援兵，又向我"投诉"："妈妈，爸爸怎么老是抽烟呢？抽烟不好，你也说说爸爸吧。"

我把女儿的"精神"向老公传达后，他这才重视起这事，开始戒烟。女儿看到爸爸不再抽烟了，竟然有些得意忘形，要求奖励："爸爸，是我让你戒烟的，快给我奖励！"

女儿是个小财迷，一块钱就能哄得她很开心，她那小小的专用钱包里已存了100多块了。我问她："你存这么多钱干吗？"她说买好吃的。呵呵，还是个不折不扣的小吃货。

那天接蕊蕊放学，我们一起坐公交车，她坐前排，我坐后排。突然，她转过头来大声地叫我："妈妈，妈妈。"

我问："你有啥事？"

她煞有介事地说："妈妈，刚才车上的电视里介绍了怎样炒菜才好

吃，你去买本炒菜的书吧，可以照着上面说的方法炒菜！"

我炒的菜不好吃吗？当着这么多人的面说这个问题，这不是在驳我的面子吗？我没理她。过了一会儿，她又大声地冲我嚷嚷："妈妈，你去买一本吧，咱家楼下的超市里就有。"

满车的人都被她认真的样子逗笑了。看来，我们家的监督员不仅监督我们的行为举止，还扩大了自己的权限，想升级成生活品质的管理员呢。

家有小小监督员，快乐无穷，幸福无限。

12. 别当着孩子的面吵架

晚上，我发现老公的存折里少了 5000 块钱，在我的再三追问下，他终于承认是借给前女友了。我气不打一处来，大声地跟他争吵起来。

当初，他们谈了六年，女孩子在他身上花了很多心血，他觉得亏欠人家，所以认为自己的做法没错。他一再解释，又说我是小心眼，没告诉我是怕我误会。

他背着我跟前女友联系，并且还借钱给她，这一个坎儿我还真过不去。所以，我得知后很是生气，哭着喊着说这日子没法过了，要离婚。

五岁的女儿从没见过这阵势，一下子不知所措。她一会儿劝我，一会儿劝爸爸，让我们都别吵了。可我们哪里听得进去，越吵越凶。最后，我摔了他的手机，他摔了我的平板电脑。

女儿见了，哇哇大哭起来。我更是得理不饶人，拣最狠的话骂老公。为了让他更加理亏，我还抱着女儿说："从今天起，你就自己过吧，我们娘俩不跟你过了。"

第二天一大早，老公向我道歉，我的气也就消了大半。

送女儿去幼儿园后，回家不久，老师就打电话过来："你家孩子在操场上哭得很凶，问她，她说爸爸妈妈吵架了，她没有家了。"

我和老公立马跑到学校去，发现她一个人站在操场上，一副孤独无助的样子。我心疼极了，立马跟她保证："宝贝，妈妈和爸爸会好好地过日子，我们早上就已经和好了。"

老公也在一旁附和着："真的，我们已经和好了，不会再吵架了。"可女儿一直不相信。没办法，老公只好在我面颊上亲了一下。女儿这才破涕为笑，高高兴兴地上课去了。

回家后，我跟母亲说了这事。她惊讶地说："你怎么能当着孩子的面吵架呢？孩子的心多脆弱呀。你看我跟你爸，什么时候当着你的面吵过架？我和你爸每次吵架都关着门，不仅不让家人知道，更不会让邻居知道。等你放学回家了，我们再怎么想吵也不会吵。"

父母长期不和，这是我后来才知道的，那时他们已经协议离婚了。但他们在我们面前很少吵过架，更没有打过架。在我看来，他们都是爱我的。

"舌头和牙齿哪有不打架的，两口子床头吵架床尾和，到了第二天基本啥事也就没有了。可对孩子来说，父母吵架那就是噩梦。"母亲再次强调。

这之后，我便跟老公约定，遇到问题好好商量——如果一定要吵，也要等孩子不在家时。

当着孩子的面吵架，也许你觉得只是一件小事，不用小题大做，可这对孩子的伤害是超乎想象的。

当着孩子的面吵架，会严重影响他的心理健康，令他缺乏安全感，甚至他的人格会扭曲，变得攻击性很强，严重者还会陷入人际交往障碍，一定程度上影响以后的婚姻观。

所以，千万不能当着孩子的面吵架。给孩子营造轻松、舒适、幸福的家庭氛围，让他从小就生活在有爱的环境里，他才能健康茁壮地成长。

13. 请给孩子多一点"挫折"

住在同一个单元楼里的蒙蒙，今年十二岁，是个聪明机灵的孩子，但前天因考重点中学失败而灰心丧气，一度离家出走，费了好多周折才找回来。

我知道这事后揪心地疼，这也让我更加坚定了一个想法：在孩子的成长中，要多给他一些挫折——能经受住挫折的孩子，才能健康地成长。

在女儿的成长中，我没少对她进行"挫折"教育。上学期，她们学校组织了一场全校亲子马拉松比赛，结果她没有获得名次，而在看到其他同学拿到了奖品时，她禁不住哇的一声哭了起来。

那还是几天前，女儿就喜滋滋地对我说："妈妈，我们学校要举行马拉松比赛呢，第一名奖励一辆玩具小汽车。据说那小汽车很漂亮，所以我想跑第一名。"

为了不打击女儿的积极性，我鼓励她说："宝贝，妈妈相信你一定能拿第一，你想要的小汽车会属于你的。"

一连几天，女儿都在为比赛做准备，放了学，她还坚持要到院子里跑两圈，参加比赛穿的衣服和鞋子也早早地摆放在床头柜上了。我被她的热情感染了，总在一旁给她加油："宝贝，你一定行的。"

就这样，她对自己更加有信心了。

很快就到了比赛的时间，女儿很高兴，以为第一名志在必得。可是，到了比赛现场，她的状况并不好，刚跑没几步就摔了一跤，爬起来忍着疼痛继续跑，虽然她坚持跑完了全程，但还是远远地落后了。

因此，她与奖品无缘了。但是，没有受过打击的她受不住了，当场哇哇大哭。

那一刻，我觉得让孩子偶尔经历失败是多么的重要。

夸奖能培养孩子的自信，但适时的提醒也是必不可少的。所以，在培养孩子自信的同时，也要让她明白，生活中并不是只有成功，也有失败——人生不可能一帆风顺，失败也是其中的组成部分。失败了，我们要吸取经验教训，努力争取下次取得成功。

那之后，我就经常让女儿接受失败的训练。比如，与她进行跑步、

玩游戏比赛时，我也不再为了满足她的虚荣心故意让她得第一名。她想要买玩具，必须达到我的要求后才能如愿以偿。

针对女儿的内向型性格特点，我不再大声地斥责她。对于她的失败，我也不再为她找借口，而是让她正视问题，并且旁敲侧击地指出她的不足。

在这期间，女儿有失败时的伤心，也有成功时的喜悦。为了增强她的意志力和自信心，在她成功时我会给予赞美和肯定，在她失败时我会给予鼓励和安慰。现在，她已能平心静气地面对失败了。

童年时期，孩子如果有失败的经历，会让他形成一定的心理承受能力，长大后就不会为突如其来的失败而不知所措了。作为家长，我们要有意识地让孩子接受失败训练，这样他才会经受住风吹雨打，长成参天大树。

14. 还孩子一个单车上的童年

一早起来，发现下雨了，女儿闷闷不乐地穿好雨衣，坐在我的单车后座上，准备去上学。走到半路的时候，雨突然下大了，我只好停下来找地方避雨。

女儿抖了抖身上的雨水，跺着脚，语气坚定地说："妈妈，咱家为什么不买辆车呢？家里又不是没钱，要是嫌贵，买辆电动车也行，总比这辆破单车强得多。班上同学中只有我一个人是单车接送的，我都觉得丢面子。"

我一下子怔住了。

学校离家其实不远，为了孩子的安全，我才风雨无阻地接送她。骑单车既环保又健身，是我认为最快乐的亲子时光，没想到却成了女儿的耻辱。

我微笑着告诉她："坐在汽车上呼啸而过，你能欣赏到沿途美丽的风景吗？没有那些贴近生活的素材，你的作文能写得生动有趣，篇篇都能拿第一吗？"

女儿的作文一直是她引以为傲的资本，并且自我感觉良好。听我这么说，她不说话了，思考了一会儿后，她赞同地点点头。

重新坐上单车后座，她还高兴地哼起了歌。她告诉我："妈妈，谢谢你给我这么美好的单车岁月，这也将是我宝贵的精神财富。放心，我不再跟同学们攀比了——她们谁能有我这般幸福？"

听了女儿的话，我不禁想起了自己读书时的快乐时光。

小学二年级，在姐姐的指点下，我学会了将脚别在自行车三角架里，骑二八单车。

一年后，父亲的那辆旧单车淘汰给了我，让我成为骄傲的"有车一族"。它是我的好伙伴，我骑着它跟同学们一路飞驰，欢声笑语。

自行车的铃铛声伴着我从小学到初中，再到高中。十年单车岁月，我练得车技高超，不仅可以在十厘米左右宽的田埂上飞速行驶，而且一次性能带两个同学。

直到现在，我的自行车技术一直很棒，二十年来无一事故。

女儿过十一岁生日，我想她可以独自骑着自行车玩耍了，也想把快乐的秘诀传给她，让她也同样拥有一份关于单车岁月的美好记忆。于是，我挑选了一辆漂亮的单车作为生日礼物送给了她。她喜出望外，高兴得手舞足蹈。

没多久，女儿就对自行车驾轻就熟了。她不仅骑着单车出去玩耍，还在周末载着我出去兜风。她说："妈妈，您辛苦了，我也要让您好好欣赏沿途美丽的风景。"

那一刻，我感动得泪盈满眶。

15. 我给女儿写纸条

为了培养女儿的独立性，从她四岁起，我就让她单独睡觉，洗袜子，到楼下买早餐。

也许是我的严厉管教起了作用，她的自理能力越来越强，而且时不时还会提出独到的观点和想法。但是，我的心里却闪过一丝遗憾：我多怀念以前女儿缠我的时光啊，我走到哪儿她跟到哪儿——在她眼里，我就是她的阳光，她的全部。

一天早晨，我心血来潮，写了一张纸条塞进女儿的书包："宝贝，我这个小小的邀请，很快就得到了女儿热烈的响应。放学回家后，她兴奋地问我："妈妈，今天我真的可以跟你一起睡吗？我好久没跟你一起睡了呢。"

在得到我的肯定答复后，女儿写完作业后，赶紧洗漱完毕，爬上了我的大床。

那一晚，她像变了个人似的，显得极度兴奋，话特别多。班里的趣事，学校的伙食，她的小秘密以及我没听她说过的童话故事，都被她一股脑儿地倒了出来。那一晚，她也睡得特别香甜，我几次醒来，都看见她的脸上挂着幸福的笑容。

此后，我便爱上了这种亲昵的感觉，一个星期就会写上一张留言条，邀请女儿同我一起睡。

女儿也学会了写留言条。她有时会贴在冰箱上，有时会贴在卧室门上。比如，"妈妈，我爱您！""妈妈，我很幸福，谢谢您的付出！"更多的留言条内容，是女儿写的小诗、小作文，画的小图画以及心情记录……她的心里充满了爱，学会了表达自己的感受。

我走进了女儿纯真的世界，那个世界里有快乐，也有忧愁。每每看到这些温暖的话语，我便觉得一整天都阳光灿烂，再难的工作都不是问题。

我的留言条内容也更广泛了，比如，一句鼓励，一句祝福，一段解说。女儿每每看完，紧皱的眉头便像花儿一样地舒展了，笑得可开心了。

后来我想，何不把我们的留言条做成小册子，让它记录女儿成长的历程，等她长大了翻看，也是一种不错的回忆。于是，我就找来一叠A4纸，将那些留言条贴在上面，装订成册。这样，一本不错的留言本就做好了，家人称之为"亲情册"。

女儿很爱我做的"亲情册"，上学时她偶尔会装进书包里带上。后来，我才知道她是拿去跟同学显摆。她对我说："同学们都说，你是一个了不起的妈妈，他们非常羡慕我。他们还说，他们也要学着给父母写留言条，告诉父母自己的爱。"

小小的纸条，大大的爱。爱他，就给他写张纸条吧，不久你就会发现纸条的神奇魔力。

16. 女儿的亲情作业

前两天，我下班回到家，女儿放下手里的作业，走到我面前认真地说："妈妈，您辛苦了，坐下吧，我给您捶背。"

我很惊讶，这太阳是从西边出来的吗？以前我回到家，喊她半天都不答应，现在突然破天荒地献起殷勤来，不会是有什么事要求我吧？

女儿的小手在我的肩膀上轻轻地捶着。我闭目养神，感觉这待遇还真不错，不禁问她："你爸教的？"她摇了摇头。

"你奶奶教的？"她又摇了摇头。

再问，她干脆说："你只管享受就好了，管那么多干吗？"

第二天，我刚到家，女儿就端出来一盆水，让我洗脚。我正感动于她的孝心，只见她拿了牙刷和牙膏过来，挤好后让我洗完脚去刷牙。

我说："我晚饭都还没吃，刷什么牙？"女儿不好意思地笑了，说："对对，那等吃了饭再刷牙。"

第三天，女儿又一反常态，给我端来一杯热茶。我甚是好奇，便问她怎么突然这么有孝心。见我刨根问底，她只好和盘托出："这是我们的家庭作业。母亲节快到了，学校开展'五个一'家庭亲情作业活动，老师让我们全力落实。这不，还专门备了一个本子让家长签字呢。"

原来如此。我问她："哪'五个一'？"

她告诉我："洗一次脚，挤一次牙膏，捶一次背，泡一杯茶，写一封信。"她说洗脚、捶背、挤牙膏和泡茶都简单，就写一封信比较难。

我笑了，这孩子还真实话实说。

女儿最喜欢写作文，但写这封信可难倒了她。五件事做了四件，只差这一件就要我写评语了。一连几天，她郁闷地问我："妈妈，这信怎么写呢？"

我白了她一眼："我对你不好吗？你写点哄我开心的话不就行了？"

今天下班回到家，只见女儿趴在桌子上写着什么，我轻轻地站在她身后，只见她正写着"亲情作业"：

"亲爱的妈妈，您辛苦了！明天就是母亲节了，我没钱给您买礼物，这封信就当是我送给您的礼物吧。您每天早出晚归地工作，买我最

爱的花衣裳,为我交学费,给我买玩具……等我长大了,我也要买很多花衣裳送给您,把您打扮得像蝴蝶一样漂亮……"

那一刻,我幸福得像花儿一样,不由得笑出了声。

看到女儿期待的眼神,我在她的本子上郑重地写道:"宝贝,你做得真棒!你自己就是送给妈妈最好的母亲节礼物。"

17. 陪孩子玩是最好的礼物

周末,我带女儿去游乐园。进门后,我发现游乐园是"冰火两重天":小朋友们在游乐区上蹿下跳,异常兴奋;家长们都是在休闲区玩手机,面无表情。

女儿飞快地脱下鞋子,跑到里面玩耍去了。

我找来两本杂志,在角落里安静地坐了下来。翻了几页,实在感到无聊,我突发奇想:"何不把自己'变小'跟女儿一起玩?这样不仅可以增进亲子关系,而且能锻炼身体,两全其美啊。"于是,我脱下鞋子,快步走进游乐区。

女儿正在沙滩区里堆沙子,见我进来了,她开心地说:"妈妈,你是进来陪我一起玩的吗?"

得到我肯定的答复后,她特别高兴,还特意腾出地方让我坐下:"妈妈,我们来玩堆沙子!"

堆沙子是我小时候的拿手戏。

一会儿，我把沙子堆成城堡，在城堡前种了一排树，女儿忙着给树浇水；一会儿，我把沙子堆成梦幻家园，不停地变花样，女儿在旁边添砖加瓦；一会儿，我和女儿建起了采沙场，我挑沙、她筛沙，两个人玩得无比欢欣。

玩了一会儿沙子，我们又来到荡秋千和吊床区。在这里，女儿碰到了她的两个同学，然后骄傲并且隆重地向她们介绍了我。

小朋友看到我和女儿一起玩游戏，又惊讶又羡慕。其中一个女孩说，她妈妈从来没有陪她玩过，每次都是把她送进来，自己就出去打麻将了。其实，陪女儿一起玩游戏，我真的很快乐。

那天，我仿佛回到了无忧无虑的童年时代。我跟女儿一起堆沙子、蹦床、荡秋千、捉迷藏，两个人都无比开心。虽然第二天起床后我全身酸痛，但看到女儿跟我又亲近了许多，心里感到特别欣慰。

有一次，我看到姐夫跟他五岁的儿子玩打苍蝇的游戏，一开始我觉得这样做有失父母的威严，但姐夫对我说："如今，父母跟孩子待在一起的时间本来就不多，所以要在有限的时间内放下架子，把自己'变小'，跟孩子一起玩游戏，让他觉得你是他的玩伴，这样你才能很快融入到他的小世界里。"

父母总是想方设法地给孩子买最好的礼物，殊不知，把自己变成小孩，陪孩子一起玩、一起乐，让他开心，那才是给他最好的礼物。

18. 不要背着孩子偷偷溜走

两天前，朋友跟我抱怨，说她一岁半的女儿黏得她心烦。只要她一下班回到家，女儿立马就要她抱着，像一块橡皮糖似的——抱着冲奶、抱着炒菜，甚至抱着上厕所……

朋友说，她现在做什么都是单手，基本已经练就独臂侠的本领了。更要命的是，每天上班前，女儿都要哭闹一场，哭得撕心裂肺，死活不肯放她走。朋友说："每天上班时我都要偷偷地溜走。"

我呵呵笑道："咱俩怎么一个命？我女儿也一样，只要我在家，她像个调皮的猴子挂在我脖子上。我上洗手间都不让关门，非得在旁边为我'放哨'，想起来都好笑。可是，经过那次教训后，我从不背着女儿偷偷溜走了。"

女儿两岁大时，有朋友给我介绍了一份工作，但得离家去南方。跟老公商量后，我决定把孩子送回老家。

为了让女儿早点跟外公外婆熟络起来，在众人的怂恿下，我做了一件至今让我后悔的事：背着她偷偷跑去街上溜达了两圈，前后达两小时左右。可怜的女儿发现妈妈不在身边，哭着不肯进屋。大冬天的，当时还下着雪，她就在外面等我回来。

接下来的几天里，她怕我跑了似的，像我的小尾巴一样寸步不离。

对我来说，那次教训真的非常深刻，我感受到了自己在女儿心中无可替代的地位，也体会到了她对我紧跟不舍的原因就是缺乏安全感。小小的她会害怕那个最亲近、最值得信赖的人稍不留神就不见了，我在她的视线内，她就会安心。

所以，自那之后，我再不背着她偷偷溜走了。

我放弃了难得的机会，在附近找了一份工作。上班就预示着要短暂地分别，我开始试着让女儿习惯妈妈不能时刻陪在她身边的事实。

要出门时，女儿跟奶奶送我到楼下，我抱着她再走一段。趁她四处张望时，我就将她交给奶奶，然后大大方方地跟她说："妈妈要上班，挣钱给你买酸奶哦。妈妈下班了就陪宝宝玩，好不好？"

酸奶是她爱喝的，但她还是很紧张，说："妈妈，我也去。"

这时，我会简单但耐心地跟她说我去上班的目的，尽量吸引她去关注事情本身，而弱化她不愿离开妈妈的紧张情绪。在她的情绪有所缓解时我会尽快动身，正式道别——每次我都说："跟妈妈拜拜！"

女儿举起胖胖的手，跟我说再见。

19. 女儿有个"感恩账户"

蕊蕊从小就是个财迷，三岁时就爱上了储蓄，生日礼金、压岁钱，

还有做家务挣的零花钱，她会悉数存进自己的钱包里。

也正因为她很有"经济头脑"，比如我找她借1元，她非得让我还她10元。就是借她的卷笔刀用一次，也会要价1元。所以，当女儿五岁时，她的钱包就鼓囊囊的，俨然"小富婆"。没事时，她就把钱包全翻出来清点，数钱的样子很专业。

老公有些"见钱眼开"，见女儿没事就鼓捣自己的钱包，便央求她道："蕊蕊，你有这么多钱，给爸爸买件礼物吧？不要太多，买一件就好了。"她摇头不答应。

奶奶也跟蕊蕊开玩笑："蕊蕊，给奶奶买根棒棒糖行吗？才5毛钱。"她捂紧钱包，就是不肯，还让我给她换个大点的钱包。

我建议她："存银行吧，还有利息呢。"听说要拥有自己的存折了，她很高兴。我也想把这些钱存起来，以备将来不时之需。

这时，老公偷偷把我叫到一边，指着日历上的感恩节对我说："我们家的孩子不知道感恩，我们对她的奉献，她都认为是理所当然。趁着这个感恩节，你得给她开个'感恩账户'，让她花自己的钱给我们买礼物。当然，要说动她可能很艰难，这个工作就交给你了。"

我想想也是。女儿只知道跟我们要礼物，我们让她买礼物她却死活不肯。都说感恩要从小教育，我得让女儿及早懂得感恩，于是，我心生一计，对她说："过几天又要过节了！"

听说要过节了，女儿乐得手舞足蹈，问我是什么节。我说："感恩节。"她摇摇头说不懂。我告诉她："感恩节就是感谢人家的节日。"

我接着问："家里谁送你上学？"她答道："爷爷。"

"谁给你做好吃的？"

"奶奶。"她奶声奶气地答。

我又问："爸爸妈妈那么辛苦挣钱干什么？"她想也没想就说："给我交学费和生活费，帮我买玩具。"

看女儿开窍了，这时我耐心地引导她："感恩节就是要对别人给你的帮助和关心予以感谢。你看，爸爸妈妈、爷爷奶奶给你做了那么多事，你要不要感谢呢？"

"要！"女儿答道，接着又问，"怎么感谢呢？"

我说："最好的方法，就是在感恩节那天买礼物送给我们。"

女儿起先有些犹豫，后来答应拿出一半的钱买礼物。这之后，她同时拥有了两个账户，自己给起的名，一个叫"快乐账户"，一个叫"感恩账户"。她每每让我存钱，都会耐心地交代，一部分存"快乐账户"，一部分存"感恩账户"。

每年的感恩节，她都会热情地邀请我去取"感恩账户"的钱，然后让我陪她去买礼品。看着家人收到她的礼物后开心的样子，她也由衷地笑出了声，并对每一个人很认真地说："谢谢！"

现在的孩子多半是独生子女，集万千宠爱于一身，很少懂得感恩，所以要适时地引导孩子建立一个"感恩账户"，让他学会感恩——在感恩中健康快乐地成长，他才会更加幸福！

20. 多和孩子"谈情说爱"

蕊蕊五岁的时候，总是对她爸爸不满意，不是嫌爸爸胖，就是说爸爸戴眼镜不好看，还幻想着有一天能换个爸爸。

我一方面惊叹于女儿小小的年纪就有了自己的审美观，另一方面又为老公鸣不平——我们供她吃好的，穿好的，她却不懂感恩。

女儿还问我："妈妈，你怎么找了个老公又胖又戴眼镜呀，你真的喜欢吗？"我只好跟她解释："你爸爸年轻时很帅，也不戴眼镜。现在岁数大了当然没那么帅了，再后来电脑用多了，就近视了戴眼镜了。"

尽管我这么说，女儿还是不怎么理解我会喜欢她爸爸。有天，当着她爸爸的面，女儿又提出这个问题时，我好奇地追问她："你想换个啥样子的爸爸？"

女儿想都没想就回答："换李怡的爸爸吧，她爸爸又年轻又帅，还给她买好多玩具。"

老公又好气又好笑："你这孩子，今天就把你送到李怡家去，我也见识一下李怡爸爸长啥样，把我家宝贝迷得神魂颠倒的。"

李怡爸爸我见过，不仅高大、帅气，还多金，开着跑车，十个女孩子有九个喜欢他。女儿不止一次提到他，而且说她长大以后就要嫁这样的老公。女儿把这样的人作为偶像无可厚非，只是这也太打击她爸爸的自信心了。

我想，我得找机会跟女儿"谈情说爱"。

女儿热衷于看《新大头儿子和小头爸爸》，其中有一节是《马年新愿》，她看得津津有味，我也凑上前去观看。

我这才知道，喜欢别人的爸爸是孩子们的通病，就像剧中大头儿子和表哥小宇许下的新年愿望就是"交换爸爸"一样。随后，两个家庭上演了一出"变形记"。最后，俩孩子都实现了心愿，但与新爸爸在一起，他们才发觉自己的爸爸无可替代。

看完后，我问女儿："爸爸能换吗？"

她说不能。我又问："为什么呀？"

她说："小头爸爸对大头儿子很好。"

我趁势教育她："你看，小头爸爸虽然骑着自行车，但每天都送大头儿子上学，对他多好呀。别人的爸爸不会供你上学，不会给你买玩具，更不会在你哭的时候哄你。爸爸是唯一对你好的，所以不能换。"

女儿使劲地点点头，我继续说道："每个周末爸爸都带你出去玩，陪你跳舞、画画，是不是很好啊？"

女儿不停地点头。我赶紧补充道："不管你的爸爸有没有钱，够不够帅，我们都应该好好爱他，对不对？"

女儿听后，赶紧跑到她爸爸身边，使劲地在他脸上亲了一下。

这之后，女儿不再提换爸爸的事了，而且她特爱跟爸爸一块儿出去，俨然成了他的跟屁虫。老公乐不可支，全家人其乐融融。

有时候，我们真要跟孩子谈谈情、说说爱，认真地告诉他们：这个

世界上，家人最爱他，他必须懂得感恩。

21. 陪孩子做个"走学族"

女儿身体瘦弱，抵抗力差，动不动就感冒。而且，我发现她越来越不爱运动了，对锻炼更是嗤之以鼻，说那是吃饱了撑得慌，浪费力气。

我跟她说："你看你，再不锻炼就成一根豆芽菜了。"她朝她爸爸努努嘴："不是吧？要锻炼的是老爸。"

因为不爱运动，老公成了个大胖子——也许正是老公的潜移默化，女儿也不爱运动。

新学期开学时，女儿喜滋滋地问我："妈，你拿什么送我上学？电动车、汽车，还是让我搭公交车？"

我摆摆手，说："咱们什么也不搭，做个'走学族'。"去年，我开始走路上班，做了个"走班族"，减掉了很多赘肉，人也精神了许多。

自从尝到"走班族"的甜头后，我就立志把走路坚持到底。不仅如此，我还把这种健康理念贯穿到了家庭中。在我的带动下，吃过晚饭，老公也会跟着我出去走个把小时，边走路边聊天。慢慢地，我们也找回了早已丢失的浪漫感觉。

我决定陪女儿做个"走学族"，但每天来回走路一小时，风里来雨里去，没过多久，她开始渐生不满，又为自己抱不平了："妈，别的同学都买了暴走鞋，走路轻松些，你也帮我买一双吧。"

我明确地拒绝了她："不行，你知道那种鞋子对身体的危害有多大吗？一会儿走，一会儿滑，对骨骼发育不好。"

她撇了撇嘴，不再跟我要暴走鞋，但好几天说我小气。我又好气又无奈，心想："总有一天，你会明白妈妈的苦心。"

女儿的学校组织体育运动会，她参加了两个项目，800米长跑和跳远。其中，长跑拿了年级组冠军，跳远得了亚军。拿到奖品的那天，她跟我感慨："妈，要不是我们坚持走路，拿奖估计有难度。"

我笑了笑，点头称是。

前几天，女儿班上那个常穿暴走鞋的男生，因为踝部肌肉拉伤请假去医院治疗。回家的路上，她心有余悸，但很开心地对我说："妈，幸好你没答应给我买暴走鞋，看来走路还真的得像我们这样。"

看着女儿接受了我的健康理念，并且快乐地做着"走学族"，我真替她高兴。

22. 把自家孩子当成"别人家的孩子"

孩子暑假期间，我闲来无事，跟表姐打电话聊天。表姐说她家冬冬可懂事了，每天一起床就写作业，根本不用提醒，一天的计划都不拉

下，言语里全是骄傲与满足。

跟冬冬差一岁多的女儿却截然相反：她除了玩还是玩，一点也没有学习的积极性。

我在电话里唠叨女儿不听话，表姐附和说："怎么会这样呢？这样可不行。"听她说得越多，我的情绪越低落，挂了电话后，我真的是脸都绿了。

当时，女儿正在做手工，没注意到我变脸了。我怒气冲冲地翻开她的作业本，发现暑假作业只写了六页。我更加气愤了，吼她："赶快写作业，冬冬从来不用家长提醒，每天一早起来自己就开始写作业，你为什么不能像她一样？"

我发泄完后，陪她做了一个学习计划，然后盯着她开始写作业。写了不到半小时，她居然趁我上洗手间的工夫，转身睡觉去了。

第二天，我又对着她一阵炮轰，说冬冬听话、懂事，叶叶聪明、乖巧，贝贝勇敢、大方，乐乐能言善辩……净说了一大堆别人家的孩子怎么怎么好。

女儿听后，破天荒地跟我顶嘴："你认为别人家的孩子好，那就找别人家的孩子当你女儿好了，我走就是。"然后就摔门出去了。

女儿在她姑姑家待了三天，执意不肯回来，我才意识到问题的严重性，开始认真地检讨自己。

说真的，女儿不是没有优点，比如，她善良、心细，手工也做得很不错。可我总是看到她的缺点，并且用别人家孩子的优点跟她的缺点比。久而久之，她认为我不爱她，所以才会对她这般挑剔。

把别人家的孩子挂在嘴边，无非是放大了别人家孩子的优点来跟自家孩子比。殊不知，这样一来，自家孩子心里肯定难受，对他有什么好处呢？反过来，为什么不把自家孩子当成"别人家的孩子"呢？

想到女儿多年来受的委屈，我决定以后不管她做得好不好，都不在她面前提别人家的孩子。而且，我要像看待"别人家的孩子"那样，努力去发现她的优点。

此后，无论女儿做得多么不好，无论我心情多么糟糕，我也不在她面前提"别人家的孩子"了——就事论事，讲道理远比那些伤人的话要管用。

接着，女儿也逐渐自信、开朗起来了。有一次，她好奇地问我："妈妈，你为什么不在我面前提'别人家的孩子'了？"

我笑着说："妈妈以前一直忽略了这一点，善良的你也一直是大家眼里'别人家的孩子'啊。现在我意识到了，看到了你的优点，觉得你跟'别人家的孩子'一样优秀、可爱、懂事、乖巧。在我眼里，你就是最棒的！"

女儿听后，高兴地笑了起来。

我把自家的孩子当成"别人家的孩子"，用欣赏的眼光看她，给了她自信和快乐，同时我也得到了自信和快乐。

23. 孩子，你慢慢走

女儿刚上学的时候，学校门口常常堵车，有时候我急着上班，心想离校门只有几步路了，便让她自己下车去走。

但每次我都不放心，尽管我骑着电动车已经驶出好远，又折回来看，直到在人群里搜寻出女儿的身影，看着她一蹦一跳地走进学校大门才安下心来。

有一次，女儿进了校门后，又折回商店里去了。放学回家后，我问她："早上你去商店里买了什么？"

女儿很惊讶地问道："你是怎么知道的？"我只好如实告诉她："虽然你已经是小学生了，但我还是不放心你，每次送你上学，都要目送你进校门才放心。"

女儿哦了一声，没再说什么。但自那之后，她知道我早上很赶时间，便会急急地跑进校门，让我目送她的时间短一点。可是，有时她走得急，我找不到她，心乱如麻，只好跑到教室里去看看，直到见她安然地坐在座位上才放心。

这样反而更耽误时间，我只得几次三番地叮嘱她："孩子，你慢慢走。"

她不解地反问："妈妈早上上班不是很赶时间吗？"

后来，学校开通了校车，女儿想坐，我也乐得清闲，给她交了费。校车有时不准时，每次看我等得急不可耐，女儿劝我："妈，您上楼吧，我一个人在这里等就好了。"

我心想，孩子就在家门口，丢不了，便上楼去了。但我不放心，又打开窗户冲她喊一声，直到看见她向我招手，兴冲冲地上了校车，我才会将目光从她身上移开，关了窗户。

时间长了，女儿居然养成了一个人上下车的习惯，不再需要我送她了。但每次我都怕她孤单，会站在窗口张望，也会跟她打招呼："宝贝，妈妈在这儿。"

她极难为情，指指隔壁，做了一个嘘的动作，意思是叫我不要大声说话，吵醒爷爷奶奶就不好了。

再后来，女儿干脆对我说："妈，我已经长大了，真的不需要你送了。"果然，她真的就不用我操心了。

可我还是喜欢站在窗口目送着她。因为我知道，孩子一天天地长大，在我身边的时间会越来越少，我会尽可能地珍惜我能目送她的机会。

几天前，我在网上看到一组亲子漫画《有一天，你要长大》，很温暖，很感人，便着急地与女儿分享。

女儿看着漫画，嘻嘻哈哈地说："妈妈，你太多愁善感了。"

我认真地读着漫画上的句子，读着读着，就想起了龙应台在散文《目送》里说的话："所谓父女母子一场，只不过意味着，你和他的缘分就是今生今世不断地在目送他的背影渐行渐远。"

父母养育儿女，其实就是在漫长的一生中目送他们的背影渐行渐远的修行。

孩子，你慢慢走，让妈妈的目光再多停留一会儿吧。